AO MESMO TEMPO

SUSAN SONTAG

Ao mesmo tempo
Ensaios e discursos

Tradução
Rubens Figueiredo

Organização
Paolo Dilonardo e Anne Jump

Introdução
David Rieff

COMPANHIA DAS LETRAS

Copyright © 2007 by espólio de Susan Sontag
Copyright do prefácio e da organização © 2007 by Paolo Dilonardo e Anne Jump
Copyright da introdução © 2007 by David Rieff
Todos os direitos reservados

Título original
At the same time

Foto de capa
Mikhail Lemkhin

Preparação
Claudia Abeling

Revisão
Ana Maria Barbosa
Isabel Jorge Cury

Dados Internacionais de Catalogação na Publicação (CIP)
(Câmara Brasileira do Livro, SP, Brasil)

Sontag, Susan, 1933-2004.
 Ao mesmo tempo : ensaios e discursos / Susan Sontag ; tradução Rubens Figueiredo ; organização Paolo Dilonardo e Anne Jump ; introdução David Rieff. — São Paulo : Companhia das Letras, 2008.

 Título original: At the same time.
 ISBN 978-85-359-1272-2

 1. Ataques terroristas de 11 de setembro de 2001 2. Ensaios norte-americanos 3. Literatura moderna — História e crítica 4. Política e cultura 5. Sontag, Susan, 1933-2004 I. Dilonardo, Paolo. II. Jump, Anne III. Rieff, David IV. Título.

08-05627   CDD-814

Índice para catálogo sistemático:
1. Ensaios : Literatura norte-americana 814

[2008]
Todos os direitos desta edição reservados à
EDITORA SCHWARCZ LTDA.
Rua Bandeira Paulista 702 cj. 32
04532-002 — São Paulo — SP
Telefone (11) 3707-3500
Fax (11) 3707-3501
www.companhiadasletras.com.br

Sumário

Prefácio de Paolo Dilonardo e Anne Jump, 7
Introdução de David Rieff, 11

Uma discussão sobre a beleza, 19
1926... Pasternak, Tsvetáieva, Rilke, 30
Amando Dostoiévski, 37
Um destino duplo: sobre *Artemisia*, de Anna Banti, 53
Questão em aberto: o caso de Victor Serge, 72
Alienígena: a propósito de *Embaixo da geleira*, de Halldór Laxness, 104
11/9/2001, 118
Algumas semanas depois, 121
Um ano depois, 131
Fotografia: uma pequena suma, 137
Sobre a tortura dos outros, 141
A consciência das palavras: discurso ao receber o prêmio Jerusalém, 156
O mundo enquanto Índia: a Conferência São Jerônimo sobre tradução literária, 167

Sobre coragem e resistência: discurso de abertura do prêmio
   Oscar Romero, 190
Literatura é liberdade: discurso ao receber o prêmio
   Friedenspreis, 202
Ao mesmo tempo: o romancista e a discussão moral —
   Conferência Nadine Gordimer, 220

Referências, 241

Prefácio

O que segue nestas páginas é uma obra que Susan Sontag estava esboçando e planejando com dedicação nos últimos anos da sua vida. Entre outros projetos — que incluíam um terceiro livro sobre doença, mais autobiográfico, um romance passado no Japão e uma coletânea de contos —, ela pretendia publicar uma nova coletânea de ensaios, "minha última", como dizia, antes de voltar para a ficção.

Sontag preparou vários rascunhos de sumário, ordenando os artigos que havia escrito desde a publicação de *Questão de ênfase* e deixando espaço para alguns ensaios que planejava escrever, em especial um sobre o pensamento aforístico, tema pelo qual se interessava fazia algum tempo, como futuras edições dos seus cadernos de notas irão demonstrar. Exceto por esses ensaios não escritos, no entanto, este volume está o mais próximo possível do livro que ela tencionava publicar.

Embora não possamos saber quais destas páginas ela teria reescrito (e sem dúvida encontraria muito que revisar), preparamos estes ensaios exatamente da maneira como tantas vezes trabalhamos com Susan Sontag. Ao longo deste livro, nos empenhamos para recuperar a versão original dos textos, nas passagens em que a versão foi cortada ou modificada quando de sua primeira publicação. Seguimos a ordem esboçada em suas anotações para esta coletânea e incorporamos as suas sucessivas correções aos ensaios e as emendas que a autora fez em edições estrangeiras por ela aprovadas.

Começando por um texto sobre a beleza, em que Sontag defende serem mutuamente inextricáveis os valores éticos e estéticos, a primeira seção forma a parte deste livro que ela chamou de "Encaminhamento", num rascunho do seu sumário, e compreendia os ensaios escritos como introduções para obras de literatura em tradução. As introduções foram todas publicadas antes dos livros que acompanhavam e, em seguida, foram revisadas repetidas vezes por Sontag, com exceção do ensaio sobre Halldór Laxness, que ela estava revisando em dezembro de 2004. Lidos em conjunto, esses retratos e apreciações de escritores admirados têm muita coisa em comum: a celebração da literatura russa e de seus temas, desde Tsvetáieva e Pasternak até Dostoiévski e Leonid Tsípkin e a sua "extraordinária viagem mental pela realidade russa"; a natureza solitária da escrita de ficção, desde a escrita "para a gaveta", de Tsípkin, até a dança amorosa de Anna Banti com o seu personagem; a "viagem da alma" partilhada por aqueles que se correspondiam em 1926 e revelada nas obras de Tsípkin, Banti, Serge e Laxness; e, acima de tudo, a meditação prolongada e auto-reveladora sobre a arte de contar histórias, sobre a "verdade da ficção", sobre "como narrar e com que fim", e sobre um subgênero particular do romance, "a reconstituição da vida de uma verdadeira pessoa de talento a partir de uma outra era".

Os primeiros três artigos da segunda seção são artigos políticos sobre as conseqüências do 11 de Setembro e sobre a "guerra contra o terrorismo". O primeiro artigo, escrito dias depois dos ataques, foi reproduzido numa versão um pouco diferente na revista *The New Yorker*; a versão que aparece aqui é a original, publicada em tradução em muitos países estrangeiros. O segundo artigo, par do primeiro e uma reflexão sobre ele, é inédito em inglês. O terceiro artigo volta a esses mesmos temas um ano depois dos ataques. Esta é a primeira vez que os três ensaios aparecem impressos juntos.

A segunda metade dessa seção compreende dois artigos sobre fotografia, uma coda, de certo modo, para *Diante da dor dos outros* — o primeiro, uma breve coletânea de pensamentos sobre o tema, e o segundo, uma análise cáustica do escândalo de Abu Ghraib, a reação do governo Bush e a guinada da cultura americana rumo àquilo que Sontag classificou como "uma crescente aceitação da brutalidade".

Os últimos anos da vida de Sontag foram de um persistente engajamento político, como demonstram esses artigos sobre o jornalismo. Trata-se de assuntos em que ela se envolvia a fundo e, embora quisesse arranjar tempo para trabalhar em seus projetos de livros, de ficção sobretudo, os fatos do mundo instigavam-na a reagir, a entrar na luta e conclamar os outros a fazer o mesmo. Ela participava porque não podia *não* participar.

Naqueles mesmos anos, a obra literária e o ativismo político de Sontag resultaram no seu crescente reconhecimento internacional. Ganhou uma série de prêmios, entre eles o de Jerusalém, o Friedenspreis, o Príncipe de Astúrias e o prêmio Literário da Biblioteca Pública de Los Angeles, e foi convidada para dar palestras em formaturas, universidades e feiras de livros em todo o mundo. A terceira seção é uma coletânea de discursos feitos por Sontag em tais eventos. Nos discursos, a sua voz pública, embora discorra sobre os principais temas literários e políticos da primeira e da segunda seção deste livro, reflete sobre o papel dessa voz e trava um diálogo irresistível com a voz do escritor, defende a tarefa e o ofício da literatura (e da tradução) e revela relances da vida de uma leitora militante e de uma entusiasta da república das letras.

Susan Sontag não tinha um título para a coletânea em preparo. Escolhemos *Ao mesmo tempo*, título do seu último discurso, como uma homenagem ao teor polifônico deste livro, ao caráter inseparável que têm, em seus livros, a literatura e a política, a estética e a ética, a vida interior e a exterior.

Paolo Dilonardo e Anne Jump

Introdução

Ao pensar em minha mãe, agora, mais de um ano após a sua morte, muitas vezes me deparo com aquela espantosa expressão que se encontra no grande poema de Auden em homenagem a Yeats — palavras que sintetizam o que a limitada consumação da imortalidade artística pode, por vezes, conferir e que, simultaneamente, são um extraordinário eufemismo para a extinção. Depois de morto, Yeats, escreve Auden, "transformou-se nos seus admiradores". Entes queridos, admiradores, detratores, obras, obra: além das memórias que em breve serão distorcidas ou pelo menos devidamente emendadas e preparadas para edição, além dos pertences que em breve irão se dispersar ou ser distribuídos, além das bibliotecas, dos arquivos, das gravações de voz, dos vídeos e das fotos — sem dúvida, isso é o máximo que pode perdurar de uma vida, por maior que tenha sido a bondade dessa vida, por maiores que sejam as suas realizações.

Conheci muitos escritores que aliviavam seu sentimento de mortalidade, na medida do possível, com pelo menos a fantasia de que a sua obra sobreviveria a eles e também com a idéia da vida dos seus entes queridos, que se manteriam fiéis à sua memória, durante o tempo que restasse a *eles*. Minha mãe era um desses escritores — trabalhava com um olho imaginativamente voltado para a posteridade. Eu devia acrescentar que, em razão do seu medo imoderado da extinção — em nenhuma parte dela, mesmo nos derradeiros dias de agonia, houve a menor ambivalência, a menor aceitação —, tal pensamento não só não representava um consolo escasso como não representava consolo nenhum. Ela não queria partir. Não tenho a pretensão de saber tudo o que ela sentiu enquanto morria, deitada durante três meses em dois leitos sucessivos, em dois quartos de hospital, enquanto seu corpo se tornava uma imensa ferida, mas pelo menos isso eu posso afirmar com segurança.

O que mais posso dizer? Pessoalmente, muito, é claro, mas não me proponho a fazer isso. Portanto, neste texto, permitam que eu seja um daqueles admiradores, e não um filho, e apresente esta última coletânea de seus ensaios que ela mesma, em grande parte, selecionou e planejou. Caso tivesse ganhado um prolongamento de vida, mesmo que pequeno, por obra de uma remissão do seu câncer no sangue, tenho certeza de que ela teria ampliado este livro, emendado os ensaios (nunca houve um livro que ela publicasse sem fazer isso) e, sem dúvida, teria também feito cortes. Ferozmente orgulhosa da sua obra, era também uma crítica severa dos próprios escritos. Mas caberia a ela fazer tais mudanças, não a mim, certamente, no papel de admirador. Outras obras de Susan Sontag serão publicadas nos próximos anos — diários, cartas, ensaios não coligidos — e estas serão moldadas pela minha mão e pelas mãos de alguns outros. Mas não aqui, não agora. Desta vez, desta última vez, é possível para mim saber e assim honrar plenamente as intenções dela.

Mesmo ao fazê-lo, porém, estou de todo consciente de que

o fato de ser este o seu último livro lhe dá um peso específico, que de outra forma ele não teria. De maneira inevitável, será lido como uma súmula, como as suas últimas palavras. O fato de que ela não tencionava fazer deste livro as suas últimas palavras, e de que ela, antes que a sua enfermidade a despojasse da sua identidade de escritora (como fez, de forma horrível, bem antes de ela morrer), estava repleta de planos de novos escritos, sobretudo de contos e de um novo romance, pouco poderá fazer para mudar essa impressão. E não é sem razão; os temas dos ensaios e discursos deste livro representam com fidelidade, creio, não todas, sem dúvida, mas muitas das questões — políticas, literárias, intelectuais e morais — que eram do maior interesse para a minha mãe.

Ela se interessava por tudo. De fato, se eu tivesse de escolher uma única palavra para evocá-la, seria *avidez*. Ela queria experimentar tudo, provar tudo, ir a toda parte, fazer tudo. Mesmo o ato de viajar, escreveu certa vez, ela o concebia como um acúmulo. E o seu apartamento, que era uma espécie de reificação do que a sua cabeça continha, estava entupido, à beira da explosão, por uma coleção, espantosamente disparatada, de objetos, impressos, fotos e, é claro, livros, livros intermináveis. Talvez fosse a gama dos seus interesses aquilo que era difícil apreender (pelo menos para mim) e impossível de acompanhar. No seu conto "Projeto de uma viagem à China", ela escreveu:

> Três coisas que há vinte anos prometo, a mim mesma, fazer antes de morrer:
> — escalar o monte Cervino
> — aprender a tocar cravo
> — estudar chinês

Em outro conto, "Interrogatório", ela escreveu: "Conhecemos mais do que podemos usar. Veja só toda essa tralha que tenho dentro da cabeça: foguetes e igrejas de Veneza, David Bowie e Diderot, o prato vietnamita *nuoc mam* e Big Macs, óculos escuros e orgasmos". E depois acrescentava: "E nem de longe sabemos o bastante". Creio que, para ela, o prazer de viver e o prazer de conhecer eram de fato a mesma coisa. Na minha perspectiva de admirador, é isso o que extraio de boa parte da sua obra, inclusive deste livro.

Eu brincava com minha mãe, dizendo que, embora ela tivesse, em larga medida, mantido a sua biografia fora da sua obra, os seus ensaios de apreciação — sobre Roland Barthes, Walter Benjamin ou Elias Canetti, para citar três entre os melhores — eram mais auto-reveladores do que ela talvez imaginasse. No mínimo, eram idealizações. Na época, ela ria, em ligeira concordância. Mas nunca tive certeza de que ela de fato concordasse, e nem tenho agora. Voltei a recordar tais conversas quando, no ensaio "Uma discussão sobre a beleza", incluído neste volume, deparei com a frase que diz: "A beleza é uma parte da história da idealização, que é, ela mesma, uma parte da história da consolação".

Será que ela escrevia para se consolar? Creio que sim, mas isso é antes uma intuição do que um juízo fundamental. A beleza, eu sei, era um consolo para ela, quer a encontrasse nas paredes dos museus, dos quais era uma visitante ardorosa e inveterada, nos templos do Japão, que ela tanto adorava, na música séria, que era o fundo musical quase incessante de suas noites em casa, enquanto trabalhava, e nas gravuras do século XVIII, nas paredes do seu apartamento. "A capacidade de ser assombrado pela beleza", escreveu ela no mesmo ensaio, "é espantosamente tenaz e sobrevive em meio às mais berrantes distrações." Eu poderia especular que aqui ela está pensando na mais berrante de todas as distrações que demandavam sua atenção, em vida, a sua doença, os dois episódios de câncer que a devastaram, mas a que ela sobreviveu (obviamente, esse ensaio foi escrito antes de ela desenvolver o câncer pela terceira e última vez).

Ao comentarem a obra de minha mãe, dizem às vezes que ela estava dividida entre esteticismo e moralismo, beleza e ética. Qualquer leitor inteligente verá a força disso, mas creio que uma crítica mais sagaz enfatizaria a inseparabilidade desses temas na sua obra. "A sabedoria que se torna acessível graças a uma dedicação profunda, de toda a vida, à estética", escreveu ela, "não pode, me atrevo a dizer, equiparar-se a nenhum outro tipo de seriedade." Não sei se isso é verdade. Sei que ela acreditava nisso com todas as fibras do seu ser e que sua insistência quase religiosa em nunca perder um concerto, uma exposição, uma ópera ou um balé era para ela um ato de lealdade à seriedade, não um deleite, e era uma parte do seu projeto como escritora, não um gosto, muito menos um hábito.

Isso levou-a a uma espécie de "devocionismo". Ela se avantajava na admiração. Noutro ensaio deste volume, "1926...", uma reflexão sobre Pasternak, Tsvetáieva e Rilke, ela apresenta os três poetas como partícipes de um sagrado delírio da arte, de um deus (Rilke), e de seus dois adoradores russos que, escreve ela, "nós, os leitores de suas cartas, sabemos que são futuros deuses".

A pertinência de tal culto era, para minha mãe, evidente em si mesma, e ela o praticou até não poder mais praticar o que quer que fosse, a tal ponto era esse culto a sua segunda natureza. É disso que tratam os seus ensaios sobre a admiração. E embora ela valorizasse a sua obra como escritora de ficção muito mais do que qualquer outra coisa que fazia, era também por isso que não conseguia parar de escrevê-los — como este livro mostra pela última vez.

Na expectativa de um transplante de células-tronco, que era a sua última e frágil esperança de sobrevivência, ela falava sobre o fato de não ter conseguido escrever os romances e os contos que gostaria, alguns dos quais estão esboçados em seus diários e cadernos de trabalho. Contudo, quando lhe perguntei certa vez por que havia dedicado tanto tempo para defender, em ensaios, a causa de escritores que abrangiam desde Nathalie Sarraute, no início da sua carreira, até Leonid Tsípkin, Halldór Laxness e Anna Banti, no ano em que ficou doente (esses artigos estão coligidos neste volume), ela classificou como um dever aquilo que, certa feita, chamou de "o incentivo evangélico", ao passo que só a escrita de ficção lhe havia trazido prazer como escritora. Mas nunca foi capaz de pensar em si mesma só como escritora e, no ensaio sobre Banti, fala em "leitura militante". Foi essa leitora militante ou, como definiu em outra parte, a suposta "aprimoradora do mundo", quero crer, que escreveu a maioria dos ensaios, enquanto a ficção definhava. Ela sabia disso, é claro. No seu septuagésimo aniversário, contou-me que aquilo que mais desejava era ter tempo, tempo para fazer a obra de que a escrita de ensaios a havia desviado, com tanta freqüência e tão prolongadamente. E, à medida que ficava mais doente, falava com uma tristeza profunda a respeito do tempo perdido. No fim, ao escrever sobre Victor Serge (o artigo também faz parte deste livro), ela se identificou com aquilo que entendia como uma era prévia, definida por "suas energias introspectivas, suas ardorosas demandas intelectuais, seu código de auto-sacrifício e sua imensa esperança". Esse engajamento sem ironia sempre levou os detratores de minha mãe a atacá-la. Mas a ironia ou o enfado do mundo jamais teria servido de amparo a uma menina asmática e apreciadora de livros, de uma família na qual a instrução não gozava de muito apreço, ao longo de uma adolescência no sul do Arizona e nos subúrbios de Los Angeles. "O que me salvou quando menina, no Arizona", escreveu ela, "à espera de ficar adulta, à espera da hora de fugir para uma realidade mais ampla, foi a leitura de livros... Ter acesso à literatura, à literatura do mundo, era escapar da prisão da frivolidade nacional, do mau gosto, do provincianismo compulsório, da educação vazia, dos destinos imperfeitos e da má sorte."

Acho que ela sobreviveu encarando a si mesma com a seriedade feroz com que rechaçava os seus detratores. Sem dúvida, ela sentia, do início ao fim, que relaxar, afrouxar, significaria vacilar. Em seu ensaio sobre Canetti, cita com aprovação o comentário desse escritor: "Tento imaginar alguém recitando Shakespeare para relaxar". Minha mãe sabia como jogar a sério.

O que não sabia fazer era isolar-se de suas militâncias extraliterárias, sobretudo de seu envolvimento político, desde o Vietnã até o Iraque. Por mais que eu admire o seu artigo sobre as fotos de tortura de Abu Ghraib (também incluído aqui, junto com alguns discursos e uma entrevista sobre a chamada guerra contra o terrorismo, o conflito Israel-Palestina, e o Iraque), eu gostaria que não tivesse sido esse o último artigo de fôlego em que trabalhou. Eu gostaria... Bem, eu gostaria que ela tivesse escrito um conto. Ela mesma era a primeira a insistir em que não defendia suas opiniões políticas "como escritora", acrescentando que "a influência que um escritor pode exercer é puramente acidental", e que agora isso era "um aspecto da cultura da celebridade".

Mas não era só a ativista nela mesma que minha mãe via com receio. Neste volume, como fez com tanta freqüência na sua obra, ela voltou diversas vezes não à sua vida como escritora, mas à sua vida como leitora. Em seu ensaio sobre tradução, "O mundo enquanto Índia", observa: "Um escritor é, antes de tudo, um leitor. É da leitura que eu derivo os padrões pelos quais avalio minha própria obra e segundo os quais, lamentavelmente, deixo muito a dever. É pela leitura, mesmo antes de escrever, que me torno parte da comunidade — a comunidade da literatura —, que inclui mais escritores mortos do que vivos". Agora ela se juntou a eles. Agora ela se transformou nos seus admiradores. Eu gostaria muito, gostaria além do que é possível exprimir de forma convincente, que fosse de outro modo. Leitor, é a sua vez.

David Rieff

Uma discussão sobre a beleza

Em abril de 2002, por fim, em resposta ao escândalo criado pela revelação de inúmeros casos de encobrimento da atividade de padres sexualmente predatórios, o papa João Paulo II disse aos cardeais americanos convocados ao Vaticano: "Uma grande obra de arte pode ser danificada, mas a sua beleza perdura; e essa é uma verdade que qualquer crítico intelectualmente honesto vai admitir".

Será tão estranho assim que o papa associe a Igreja Católica a uma grande — ou seja, bela — obra de arte? Talvez não, visto que a comparação inane lhe permite transformar iniquidades abomináveis em algo semelhante a arranhões na película de um filme mudo ou aos craquelês que recobrem a superfície da pintura de um Mestre Antigo, defeitos que, mentalmente, apagamos ou atravessamos com o nosso olhar. O papa gosta de idéias veneráveis. E a beleza, como um termo que significa (como a saúde) uma excelência incontestável, foi uma fonte perene da formulação de avaliações peremptórias.

A permanência, porém, não é um dos atributos mais óbvios

da beleza; e a contemplação da beleza, quando é competente, pode estar cingida em *pathos*, o drama sobre o qual Shakespeare elabora muitos de seus sonetos. Tradicionais celebrações da beleza no Japão, como o rito anual de se admirar a floração das cerejeiras, são incisivamente elegíacas; a beleza mais emocionante é a mais efêmera. Tornar a beleza imperecível, em certo sentido, demandou muitos remendos e transposições, mas a idéia era simplesmente sedutora demais, potente demais, para ser desperdiçada no louvor de corporificações superiores. O objetivo era multiplicar a idéia, permitir que tipos de beleza, beleza com adjetivos, se ordenassem numa escala de valor ascendente e de incorruptibilidade, com os usos metafóricos ("beleza intelectual", "beleza espiritual") tendo a precedência sobre aquilo que a linguagem comum exalta como belo — uma alegria para os sentidos.

A beleza do rosto e do corpo, uma beleza menos "enaltecedora", continua a ser o lugar do belo mais comumente visitado. Porém é difícil alguém supor que o papa evoque esse sentido de beleza, na hora em que constrói uma explicação que justifica, perante várias gerações, o molestamento sexual de crianças por clérigos, e que protege os molestadores. Mais pertinente — pertinente para ele — é a beleza "mais elevada" da arte. Embora muita arte possa parecer uma questão de superfície e de recepção pelos sentidos, geralmente lhe é concedida uma cidadania honorária no âmbito da beleza "interior" (em oposição à "exterior"). A beleza, ao que parece, é imutável, pelo menos quando encarnada — fixa — na forma de arte, porque é na arte que a beleza enquanto uma idéia, uma idéia eterna, se corporifica melhor. A beleza (caso optemos por usar a palavra deste modo) é profunda, não superficial; oculta, às vezes, e não óbvia; consoladora, e não perturbadora; indestrutível, como na arte, e não efêmera, como na natureza. A beleza, o tipo postuladamente enaltecedor, perdura.

A melhor teoria da beleza é a sua história. Pensar sobre a história da beleza significa pôr em foco a sua configuração nas mãos de comunidades específicas.

Comunidades cujos líderes as consagraram a estancar aquilo que era visto como uma onda nociva de visões inovadoras não têm interesse na modificação do baluarte proporcionado pelo uso da beleza como uma recomendação inatacável e uma consolação. Não é de surpreender que João Paulo II — e a instituição conservadora e preservadora pela qual ele fala — se sinta tão confortável tanto com a idéia da beleza como com a idéia do bem.

Também parece inevitável que quando, quase um século atrás, as comunidades mais prestigiosas interessadas em belas-artes se empenhavam em drásticos projetos de inovação, a beleza tenha surgido na primeira fila das idéias que deviam ser desacreditadas. A beleza só podia aparecer como um padrão conservador, aos olhos dos criadores e proclamadores do novo; Gertrude Stein disse que chamar uma obra de arte de bela significa que ela está morta. Belo passou a significar "meramente" belo: não existe um elogio mais insípido ou convencional.

Em outras áreas, a beleza ainda reina, irreprimível. (Como poderia ser de outro modo?) Quando o famigerado amante da beleza Oscar Wilde declarou, em *A decadência da mentira*, "Ninguém que tenha alguma cultura autêntica... hoje em dia fala da beleza de um pôr-do-sol. O pôr-do-sol está muito fora de moda", o pôr-do-sol sentiu o golpe e depois se recuperou. *Les beaux arts*, quando convocadas por um apelo semelhante para ficar em dia com as novidades, não se recuperaram. A subtração da beleza como um padrão para a arte não assinala um declínio da autoridade da beleza. Em vez disso, atesta um declínio da crença de que existe algo chamado arte.

Mesmo quando a beleza era um critério inquestionável do valor da arte, ela era definida de forma lateral, evocando-se alguma outra virtude que se supunha ser a essência ou um *sine qua non* de algo que era belo. Uma definição do belo não era mais (nem menos) do que uma recomendação do belo. Quando, por exemplo, Lessing equiparava o belo com a harmonia, ele oferecia uma outra idéia geral do que é excelente ou desejável.

Na falta de uma definição no sentido estrito, supunha-se existir um órgão ou uma capacidade para registrar a beleza (ou seja, o valor) nas artes, algo chamado "gosto", e um cânone de obras que as pessoas de gosto discerniam, pessoas que procuravam deleites mais rarefeitos, adeptas do conhecimento especializado. Pois nas artes — à diferença da vida — não se supunha que a beleza fosse necessariamente aparente, óbvia, evidente.

O problema com o gosto era que, por mais que resultasse em períodos de amplo acordo no âmbito das comunidades de amantes da arte, provinha de reações à arte que eram particulares, imediatas e revogáveis. E o consenso, embora firme, nunca era mais do que local. Para abordar esse defeito, Kant — um universalizador dedicado — propôs uma faculdade distintiva de "juízo", com princípios discerníveis de um tipo geral e duradouro; os gostos legislados por tal faculdade de juízo, devidamente entendida, deviam ser propriedade de todos. Mas o "juízo" não produziu o efeito pretendido de respaldar o "gosto" ou torná-lo, em certo sentido, mais democrático. Um motivo é que o gosto, como um juízo apoiado em princípios, era algo difícil de aplicar, pois tinha uma ligação muito tênue com as obras de arte reais tidas como incontestavelmente importantes ou belas, ao contrário do maleável e empírico critério de gosto. E o gosto é agora uma idéia muito mais fraca, mais vulnerável, do que era no fim do século XVIII. Gosto *de quem*? Ou, de modo mais insolente, *quem* foi que disse?

À medida que a postura relativista, em questões culturais, aumentou a pressão sobre os antigos juízos, as definições de beleza — descrições da sua essência — tornaram-se mais vazias. A beleza não podia mais ser algo tão positivo como a harmonia. Para Valéry, a natureza da beleza reside na impossibilidade de sua definição; beleza é exatamente "o inefável".

O fracasso da idéia de beleza reflete o descrédito do prestígio do julgamento em si, como algo concebivelmente capaz de ser imparcial ou objetivo, nem sempre autocentrado ou auto-referente. Reflete também o descrédito dos discursos binários nas artes. A beleza se define como a antítese do feio. Obviamente, não se pode dizer que algo é belo quando não se está disposto a dizer que é feio. Mas existem cada vez mais tabus que nos impedem de chamar alguma coisa, seja o que for, de feia. (Para uma explicação, veja-se primeiro não a ascensão da chamada "correção política", mas a evolução da ideologia do consumismo, e depois a cumplicidade entre as duas coisas.) A questão é descobrir o que é belo naquilo que, até então, não foi encarado como belo (ou: o belo no feio).

De modo similar, existe uma resistência cada vez maior à idéia de "bom gosto", ou seja, à dicotomia bom gosto-mau gosto, exceto nas ocasiões que permitam a alguém festejar a derrota da esnobação e o triunfo daquilo que, antes, era desprezado como mau gosto. Hoje, o bom gosto parece uma idéia ainda mais retrógrada do que a beleza. Arte e literatura "modernistas" austeras, difíceis, tornaram-se antiquadas, uma conspiração de esnobes. Agora, inovação é relaxamento; hoje, a Arte Fácil acende a luz verde para todos. No clima cultural dos últimos anos, que favorece a arte de uso mais fácil, o belo parece, se não óbvio, ao menos pretensioso. A beleza continua a ser acossada naquilo que, de forma absurda, é chamado hoje de guerras da cultura.

O fato de a beleza aplicar-se a certas coisas e não a outras, o fato de ser um princípio de *discriminação* constituiu, no passado, a sua força e a sua atração. A beleza pertencia à família de idéias que estabelecem escalas e casava bem com uma ordem social sem remorsos quanto à posição, classe, hierarquia e ao direito de excluir.

O que antes havia sido uma virtude do conceito passou a ser o seu defeito. A beleza, que antes parecia vulnerável por ser demasiado geral, frouxa, porosa, revelou-se — ao contrário — excessivamente excludente. A discriminação, antes uma faculdade positiva (significava julgamento refinado, padrões elevados, esmero), tornou-se negativa: significava preconceito, intolerância, cegueira para as virtudes daquilo que não era idêntico a quem julgava.

O movimento mais forte e mais bem-sucedido contra a beleza ocorreu nas artes: beleza — e dar importância à beleza — era restritivo; como reza a expressão corrente, elitista. Nossas apreciações, assim sentiam, poderiam ser muito mais inclusivas se disséssemos que algo, em vez de ser belo, era "interessante".

Claro, quando as pessoas diziam que uma obra de arte era interessante, isso não significava que necessariamente tivessem gostado — muito menos que a achassem bela. Em geral significava apenas que achavam que deviam gostar. Ou que gostavam, mais ou menos, embora não fosse bela.

Ou podiam definir algo como interessante a fim de evitar a banalidade de chamá-lo de belo. A fotografia foi a arte em que "o interessante" triunfou primeiro, e bem cedo: a nova maneira fotográfica de ver propunha que tudo era um tema potencial para a câmera. O belo não poderia consentir numa gama tão vasta de temas; e bem cedo passou, ainda por cima, a parecer retrógrado como um julgamento. A respeito de uma fotografia de pôr-do-sol, um lindo pôr-do-sol, qualquer pessoa com os mínimos padrões de sofisticação verbal preferiria dizer: "Sim, a foto é interessante".

O que é interessante? Sobretudo aquilo que, previamente, não foi tido como belo (ou bom). Os doentes são interessantes, como Nietzsche assinala. Os cruéis também. Chamar algo de interessante implica desafiar antigas normas de elogio; tais julgamentos desejam ser insolentes ou pelo menos engenhosos. Especialistas no "interessante" — cujo antônimo é o "chato" — gostam de estardalhaço, não de harmonia. O liberalismo é chato, declara Carl Schmitt em O conceito do político, escrito em 1935. (No ano seguinte, aderiu ao partido nazista.) Uma política guiada por princípios liberais carece de drama, tempero, conflito, ao passo que uma política autocrata forte — e a guerra — é interessante.

O amplo emprego do "interessante" como critério de valor acabou, inevitavelmente, enfraquecendo o seu gume transgressivo. O que resta da antiga insolência repousa sobretudo no seu desdém pelas conseqüências das ações e dos julgamentos. Quanto à veracidade da classificação — isso nem entra na história. Chamamos algo de interessante justamente para não termos de praticar um julgamento de beleza (ou de bondade). O interessante é, agora, sobretudo uma idéia consumista, vergada sob o peso da ampliação do seu domínio: quanto mais coisas se tornam interessantes, mais o mercado se expande. O tedioso — entendido como uma ausência, um vazio — implica o seu antídoto: as promíscuas e vazias afirmações do interessante. É um modo peculiarmente inconclusivo de experimentar a realidade.

A fim de enriquecer esse retrato indigente de nossas experiências, teríamos de admitir uma noção integral de tédio: depressão, raiva (desespero suprimido). Aí poderíamos abrir caminho rumo a uma noção completa do interessante. Mas a uma tal qualidade de experiência — de sensação —, provavelmente não iríamos nem mais *querer* chamar de interessante.

A beleza pode ilustrar um ideal, uma perfeição. Ou, por causa da sua identificação com mulheres (mais exatamente, com a Mulher), pode desencadear a ambivalência usual que advém do secular aviltamento do feminino. Boa parte do descrédito da beleza precisa ser entendida como um resultado da inflexão de gênero. A misoginia também podia estar subjacente ao ímpeto de metaforizar a beleza, elevando-a desse modo acima do reino do "meramente" feminino, daquilo que não é sério, do que é enganador. Pois, se as mulheres são cultuadas porque são belas, são toleradas por sua preocupação em se tornarem ou se manterem belas. A beleza é teatral, é para ser vista e admirada; e a palavra tanto pode fazer pensar na indústria da beleza (revistas de beleza, salões de beleza, produtos de beleza) — o teatro da frivolidade feminina — como nas belezas da arte e da natureza. De que outro modo explicar a associação da beleza — i.e., mulheres — com a inteligência curta? Preocupar-se com a própria beleza é arriscar-se à pecha de narcisismo e de frivolidade. Pensemos em todos os sinônimos de beleza, a começar por "adorável", ou o meramente "bonito", que clama por uma transposição viril.

"O bonito é só bonito e não diz mais nada." (Mas não: "Belo é só belo e não diz mais nada".) Embora se aplique à aparência tanto quanto "belo", "bonito" — isento de associações com o feminino — parece mais sóbrio, menos derramado em elogios. A beleza não é, em geral, associada com *gravitas*. Assim podemos preferir chamar um veículo que divulga pungentes imagens de guerra e de atrocidades de "um livro bonito", como fiz no prefácio de uma compilação de fotos de Don McCullin, com receio de que chamá-lo de um "livro belo" (o que era de fato o caso) fosse parecer uma afronta, por seu tema apavorante.

* * *

Em geral supõe-se que a beleza é, de forma quase tautológica, uma categoria "estética", o que a coloca, segundo muitos, em rota de colisão com o ético. Mas a beleza, mesmo a beleza na modalidade amoral, nunca está nua. E a atribuição de beleza jamais ocorre sem mistura com valores morais. O estético e o ético estão longe de ser pólos opostos e, como insistiram Kierkegaard e Tolstói, o estético é em si mesmo quase um projeto moral. As discussões sobre a beleza, desde Platão, estão povoadas de questões sobre a adequada relação com o belo (o irresistivelmente, o sedutoramente belo), que julgam fluir da natureza da beleza em si mesma.

A tendência perene de transformar a beleza em si num conceito binário, em parti-la em "interna" e "externa", "alta" e "baixa" beleza, é a maneira usual como os julgamentos do belo são colonizados por julgamentos morais. De um ponto de vista nietzschiano (ou wildiano), isso pode ser inadequado, mas para mim parece inevitável. E a sabedoria que se torna acessível mediante um profundo compromisso, de toda uma vida, com a estética não pode, me atrevo a dizer, ser reproduzida por nenhum outro tipo de seriedade. De fato, as diversas definições de beleza chegam, pelo menos, tão perto de uma caracterização plausível da virtude, e de uma humanidade mais plena, quanto as tentativas de definir a bondade em si.

A beleza é parte da história da idealização, a qual em si mesma é parte da história da consolação. Mas a beleza nem sempre consola. A beleza de um rosto e de uma figura atormenta, subjuga; essa beleza é imperiosa. A beleza que é humana e a beleza que é produzida (arte) — incitam a fantasia e também a posse. O nosso modelo do desinteressado advém da beleza da natureza — uma natureza que está distante, fora de alcance, impossível de possuir.

De uma carta de um soldado alemão, em vigília, no inverno russo, no fim de dezembro de 1942:

O Natal mais maravilhoso que já vi, todo feito de emoção desinteressada e despido de toda ornamentação luxuosa. Eu estava sozinho debaixo de um céu enorme e estrelado e posso lembrar-me de uma lágrima que correu pela minha face gelada, uma lágrima nem de dor, nem de alegria, mas de emoção criada por uma experiência forte. *

Ao contrário da beleza, muitas vezes frágil e efêmera, a capacidade de ser subjugado pelo belo é espantosamente robusta e sobrevive em meio às mais berrantes distrações. Mesmo a guerra, mesmo a perspectiva da morte determinada, não conseguem eliminá-la.

A beleza da arte é melhor, "mais elevada", segundo Hegel, do que a beleza da natureza, porque é feita por seres humanos e é obra do espírito. Mas a apreensão da beleza na natureza é também resultado de tradições da consciência, e da cultura — na linguagem de Hegel, do espírito.

As reações à beleza na arte e na natureza são interdependentes. Como Wilde assinalou, a arte faz mais do que nos instruir sobre como e o que apreciar na natureza. (Ele estava pensando em poesia e em pintura. Hoje, os padrões de beleza na natureza

---

* Citado em Stephen G. Fritz, *Frontsoldaten: The German Soldier in World War II* (Lexington: University Press of Kentucky, 1995), p. 130.

são, em larga medida, estabelecidos pela fotografia.) O que é belo nos recorda a natureza em si — aquilo que está além do humano e do fabricado — e, portanto, estimula e aprofunda o nosso sentido da pura amplitude e plenitude da realidade, inanimada mas também pulsante, que rodeia todos nós.

Um feliz subproduto desse achado, se é que se trata de um achado: a beleza recupera a sua solidez, a sua inevitabilidade, como um julgamento necessário para dar sentido a uma larga parcela das energias, afinidades e admirações de uma pessoa; e as noções usurpadoras parecem ridículas.

Imagine dizer: "O pôr-do-sol é interessante".

1926...

Pasternak, Tsvetáieva, Rilke

O que está acontecendo em 1926, quando os três poetas estão escrevendo uns para os outros?

No dia 12 de maio, a "Sinfonia nº 1 em fá menor" de Chostakóvitch é executada pela primeira vez, pela Filarmônica de Leningrado; o compositor tem dezenove anos.

No dia 10 de junho, o idoso arquiteto catalão Antonio Gaudí, na caminhada que faz todos os dias do local onde está sendo construída a Catedral da Sagrada Família até uma igreja no mesmo bairro, em Barcelona, para assistir à missa das vésperas, é atropelado por um bonde, fica estirado na rua, sem socorro (porque ninguém o reconheceu, pelo que dizem), e morre.

No dia 6 de agosto, Gertrude Ederle, dezenove anos, americana, nada do cabo Gris-Nez, na França, até Kingsdown, na Inglaterra, em catorze horas e 31 minutos, e se torna a primeira mulher a cruzar a nado o canal da Mancha e a primeira mulher a superar um recordista masculino, competindo num esporte de alto rendimento.

No dia 23 de agosto, o ídolo do cinema Rodolfo Valentino morre de endocardite e septicemia num hospital em Nova York.

No dia 3 de setembro, uma torre de aço de transmissão de rádio (Funkturm), de 138 metros de altura, com um restaurante e um mirante, é inaugurada em Berlim.

Alguns livros: volume 2 do *Minha luta*, de Hitler, *Edifícios brancos*, de Hart Crane, *Winnie Puff*, de A. A. Milne, *A terceira fábrica*, de Viktor Chklóvski, *O camponês de Paris*, de Louis Aragon, *A serpente emplumada*, de D. H. Lawrence, *O sol também se levanta*, de Hemingway, *O assassinato de Roger Ackroyd*, de Agatha Christie, *Os sete pilares da sabedoria*, de T. E. Lawrence.

Alguns filmes: *Metropolis*, de Fritz Lang,* *A mãe*, de Vsevolod Pudóvkin, *Nana*, de Jean Renoir, *Beau Geste*, de Herbert Brenon.

Duas peças: *Um homem é um homem*, de Bertolt Brecht, e *Orfeu*, de Jean Cocteau.

No dia 6 de dezembro, Walter Benjamin chega a Moscou para uma estada de dois meses. Não se encontra com Boris Pasternak, de 36 anos de idade.

Pasternak não vê Marina Tsvetáieva há quatro anos. Desde que ela deixou a Rússia, em 1922, os dois tornaram-se os mais queridos interlocutores um do outro, e Pasternak, tacitamente reconhecendo em Tsvetáieva a poeta maior, fez dela a sua primeira leitora.

Tsvetáieva, que tem 34 anos, vive na penúria, com o marido e dois filhos, em Paris.

Rilke, que tem 51 anos, está morrendo de leucemia num sanatório na Suíça.

Cartas: Verão de 1926 é um retrato do delírio sagrado da arte. São três participantes: um deus e dois adoradores, que são também adoradores um do outro (e que nós, os leitores de suas cartas, sabemos ser futuros deuses).

---

* *Metropolis* foi filmado em 1926 e estreou em janeiro de 1927. (N. E.)

Um casal de jovens poetas russos, que durante anos trocaram cartas fervorosas sobre a obra e a vida, passam a corresponder-se com um grande poeta alemão que, para ambos, é a poesia personificada. Essas cartas de amor tridirecionais — pois se trata de cartas de amor — são uma incomparável dramatização do entusiasmo pela poesia e pela vida do espírito. Retratam uma esfera de sentimento temerário e de pureza de aspiração que seria, para nós, um desperdício descartar como "romântica".

A literatura escrita na Alemanha e na Rússia era particularmente dedicada à exaltação espiritual. Tsvetáieva e Pasternak sabem alemão e Rilke estudou e alcançou um domínio razoável do russo — os três impregnados pelos sonhos de divindade literária promulgados naquelas línguas. Os russos, amantes da poesia e da música alemãs desde a infância (as mães dos dois eram pianistas), esperam que o grande poeta da época seja alguém que escreva na língua de Hölderlin e Goethe. E o poeta de língua alemã teve como um amor de juventude, e como sua mentora, uma escritora, nascida em São Petersburgo, com quem ele viajou duas vezes à Rússia, e desde então considerou aquele país a sua verdadeira pátria espiritual.

Na segunda viagem à Rússia, em 1900, Pasternak de fato viu e provavelmente foi apresentado ao jovem Rilke.

O pai de Pasternak, pintor famoso, era um estimado conhecido de Rilke. Boris, o futuro poeta, tinha dez anos de idade. É com a sagrada recordação de Rilke ao embarcar num trem com a sua amante, Lou Andreas-Salomé — eles permanecem respeitosamente anônimos —, que Pasternak começa *Salvo-conduto* (1931), a sua maior realização na prosa.

Tsvetáieva, é claro, nunca pôs os olhos em Rilke.

Os três poetas são sacudidos por necessidades aparentemente incompatíveis: a solidão mais absoluta e a mais intensa comunhão com outro espírito de opiniões afins. "Minha voz só consegue soar pura e límpida quando absolutamente solitária", diz Pasternak ao seu pai, numa carta. O ardor modulado pela intransigência guia todos os escritos de Tsvetáieva. Em "Arte à luz da consciência" (1932), ela escreve:

> O poeta só pode ter uma prece: não compreender o inaceitável — que eu não compreenda, para que eu não seja seduzida... que eu não ouça, para que eu não responda... A única prece do poeta é uma prece por surdez.

E os dois passos de dança característicos da vida de Rilke, tal como a conhecemos por suas cartas para uma variedade de correspondentes, sobretudo mulheres, são a esquiva de qualquer intimidade e uma oferta de solidariedade e compreensão incondicionais.

Embora os poetas mais jovens se declarem acólitos, as cartas rapidamente se tornam uma troca entre iguais, uma competição de afinidades. Para aqueles familiarizados com os ramos principais da empolada e não raro imponente correspondência de Rilke, pode ser uma surpresa descobri-lo reagindo quase no mesmo tom ávido, jubiloso, que os seus dois admiradores russos. Mas ele nunca tivera interlocutores desse calibre. O Rilke soberano, didático, que conhecemos das *Cartas para um jovem poeta*, escritas entre 1903 e 1908, desapareceu. Aqui há apenas conversação angélica. Nada a ensinar. Nada a aprender.

A ópera é agora o único meio em que ainda se aceitam exaltações de entusiasmo. O dueto que conclui *Ariadne auf Naxos*, de Richard Strauss, cujo libreto é de um contemporâneo de Rilke, Hugo von Hofmannsthal, oferece uma efusividade comparável. Sem dúvida, nos sentimos mais confortáveis com o hino ao amor como renascimento e autotransformação, cantado por Ariadne e

Baco, do que com os arroubos de sentimento amoroso expressos pelos três poetas.

E essas cartas não são duetos de encerramento. São duetos que tentam, e por fim não conseguem, ser trios. Que tipo de posse mútua os poetas almejam? Em que medida esse tipo de amor consome e é exclusivo?

A correspondência começou entre Rilke e Pasternak, tendo o pai de Pasternak como intermediário. Depois, Pasternak sugeriu a Rilke escrever para Tsvetáieva, e a situação se converte numa correspondência *à trois*. Última a entrar na arena, Tsvetáieva rapidamente se torna a força deflagradora, tão potentes, tão escandalosas são a sua carência, a sua coragem, a sua nudez emocional. Tsvetáieva é a implacável, superando primeiro Pasternak e depois Rilke. Pasternak, que não sabe mais o que pedir a Rilke, retira-se (e Tsvetáieva também pede uma pausa na correspondência entre *eles*); Tsvetáieva pode pensar numa ligação erótica, avassaladora. Implorando que Rilke conceda um encontro, tudo o que consegue é afastá-lo. Rilke, por seu turno, fica em silêncio. (Sua última carta para ela foi no dia 19 de agosto.)

O fluxo de retórica alcança o precipício do sublime e desaba na histeria, na angústia, no terror.

Porém, curiosamente, a morte parece bastante irreal. Como os russos ficam aturdidos e chocados quando "esse fenômeno da natureza" (assim consideravam Rilke), em *certo* sentido, não mais existe. O silêncio havia de ser completo. O silêncio que agora tem o nome de morte parece uma depreciação grande demais.

Portanto, a correspondência tinha de continuar.

Tsvetáieva escreve uma carta para Rilke alguns dias depois de saber que ele havia morrido no fim de dezembro e dedica a ele uma longa ode em prosa ("Sua morte") no ano seguinte. O manuscrito de *Salvo-conduto*, que Pasternak completa quase cinco anos após a morte de Rilke, termina com uma carta a Rilke.

("Se você estivesse vivo, esta é a carta que eu lhe enviaria hoje.") Guiando o leitor por um labirinto de prosa memorialística elíptica até o âmago da interioridade do poeta, *Salvo-conduto* é escrito sob o signo de Rilke e, ainda que de forma inconsciente, em competição com Rilke, tentando equiparar-se ou mesmo ultrapassar *Os cadernos de Malte Laurids Brigge* (1910), a obra máxima de Rilke em prosa.

No início de *Salvo-conduto*, Pasternak fala sobre viver ao máximo e dedicar-se aos momentos em que "um sentimento completo irrompe no espaço com toda a vastidão do espaço à sua frente". Nunca antes se fez, de modo tão agudo, tão arrebatador, uma síntese dos poderes da poesia lírica como nessas cartas. A poesia não pode ser abandonada, não se pode renunciar a ela, quando a pessoa é "o servo da lira", como Tsvetáieva ensina a Pasternak numa carta em julho de 1925. "Com a poesia, caro amigo, é como no amor; não há separação, até que ela nos largue."

Ou até que a morte intervenha. Tsvetáieva e Pasternak não desconfiavam que Rilke estava gravemente enfermo. Ao saber que havia morrido, os dois poetas se mostraram incrédulos: falando de modo cômico, parecia injusto. E quinze anos depois, Pasternak ficaria surpreso e com remorsos ao receber a notícia do suicídio de Tsvetáieva, em agosto de 1941. Reconheceu que não havia entendido a inevitabilidade da desgraça que a aguardava, caso ela resolvesse voltar para a União Soviética com a família, como fez em 1939.

A separação tornou tudo repleto. O que teriam dito Rilke e Tsvetáieva um para o outro, caso se encontrassem de fato? Sabemos o que Pasternak *não* disse para Tsvetáieva quando se reencontraram rapidamente após treze anos, em junho de 1935, no dia em que ele chegou a Paris no terrível papel de delegado soviético oficial para o Congresso Internacional de Escritores em Defesa da Cultura: não a avisou que não devia voltar para Moscou, não devia pensar em voltar.

Talvez os êxtases canalizados nessa correspondência pudessem apenas ser expressos em separado, e em resposta à maneira como eles se frustraram mutuamente (assim como os grandes escritores invariavelmente exigem demais dos leitores e são frustrados por eles). Nada consegue empalidecer a incandescência daquelas trocas ao longo de alguns meses, no ano de 1926, quando eles se exprimiam com veemência uns para os outros e faziam suas exigências impossíveis, gloriosas. Hoje, quando "tudo está naufragando na vulgaridade" — a expressão é de Pasternak —, seus entusiasmos e sua perseverança parecem uma jangada, um farol, uma praia.

Amando Dostoiévski

A literatura da segunda metade do século xx é um terreno bastante explorado, e parece improvável que ainda existam obras-primas à espera de ser descobertas nas línguas mais importantes e atentamente vigiadas. Mas, cerca de dez anos atrás, ao vasculhar uma arca de livros de bolso de segunda mão e de aspecto imundo, diante da uma livraria na Charing Cross Road, em Londres, deparei exatamente com um desses livros, *Verão em Baden-Baden*, que eu contaria entre as realizações mais belas, arrebatadoras e originais de um século de ficção e de paraficção.

As razões da obscuridade do livro não são difíceis de averiguar. Antes de tudo, seu autor não era um escritor profissional. Leonid Tsípkin era médico, um importante pesquisador no campo da medicina, que publicou cerca de cem trabalhos em revistas científicas na União Soviética e no exterior. Mas — deixemos de lado qualquer comparação com Bulgákov e Tchekhov — esse médico-escritor russo jamais viu uma única página de sua obra literária publicada em vida.

A censura e suas intimidações são apenas uma parte da história. A ficção de Tsípkin era, sem dúvida, uma péssima candidata à publicação oficial. Mas tampouco circulou em *samizdat*, pois Tsípkin permaneceu — por orgulho, melancolia intratável, falta de disposição de correr o risco de se ver rejeitado pelo sistema literário extra-oficial — completamente fora dos círculos independentes ou subterrâneos que floresceram em Moscou nas décadas de 1960 e 1970, época em que ele escrevia "para a gaveta". Para a literatura propriamente dita.

Na verdade, é um grande milagre que *Verão em Baden-Baden* tenha sobrevivido.

Leonid Tsípkin nasceu em 1926, em Minsk, de pais judeus russos, ambos médicos. A especialidade médica da mãe, Vera Poliak, era tuberculose pulmonar. O pai, Boris Tsípkin, cirurgião ortopedista, foi preso no início do Grande Terror, em 1934, sob as acusações delirantes de costume, e mais tarde foi solto graças à intervenção de um amigo influente, depois de ter tentado se suicidar jogando-se do alto de uma escada, na prisão. Voltou para casa de maca, com as costas quebradas, mas não teve seqüelas e levou adiante a sua atividade de cirurgião até morrer (aos 64 anos), em 1961. Duas irmãs e um irmão de Boris Tsípkin também foram presos durante o Terror, e morreram.

Minsk caiu uma semana depois da invasão alemã, em 1941, e a mãe de Boris Tsípkin, uma outra irmã e dois sobrinhos pequenos foram assassinados no gueto. Boris Tsípkin, sua esposa e Leonid, com quinze anos, conseguiram fugir da cidade graças ao diretor de uma fazenda coletiva nos arredores, um ex-paciente agradecido que mandou retirar de um caminhão vários barris de picles a fim de acomodar o querido cirurgião e sua família.

Um ano depois, Leonid Tsípkin começou seus estudos de medicina e, quando a guerra terminou, voltou com os pais para Minsk, onde se formou médico em 1947. Em 1948, casou-se com Natália Mitchnikova, economista. Mikhail, seu único filho, nasceu em 1950. Na época, a campanha anti-semita de Stálin, desencadeada no ano anterior, não parava de fazer vítimas, e Tsípkin foi esconder-se entre os funcionários de um hospital psiquiátrico. Em 1957, obteve autorização para estabelecer-se com a esposa e o filho em Moscou, onde lhe ofereceram um cargo de patologista no prestigioso Instituto de Poliomielite e Encefalite Viral. Tornou-se membro da equipe que introduziu na União Soviética a vacina Sabin contra a pólio; seu trabalho seguinte no instituto refletia uma diversidade de interesses de pesquisa, entre eles a reação de tecidos tumorais a infecções virais letais e biologia e patologia de macacos.

Tsípkin sempre sentira entusiasmo por literatura, sempre escrevera um pouco para si mesmo, prosa e poesia. Aos vinte e poucos anos, quando estava prestes a terminar seus estudos, pensou em largar a medicina para estudar literatura, com a idéia de dedicar-se inteiramente a escrever. Dilacerado pelas questões da alma presentes na literatura russa do século XIX (como viver sem fé? sem Deus?), idolatrou Tolstói, mais tarde substituído por Dostoiévski. Tsípkin também teve amores cinematográficos: Antonioni, por exemplo, mas não Tarkóvski. No início da década de 1960, pensou em inscrever-se num curso noturno do Instituto de Cinematografia a fim de tornar-se cineasta, mas a necessidade de sustentar a família, explicou mais tarde, o fez voltar atrás.

Foi também no começo da década de 1960 que Tsípkin deu início a um fluxo de escrita mais séria: poemas fortemente influenciados por Tsvetáieva e Pasternak, cujas fotos pendiam acima da sua pequena escrivaninha. Em setembro de 1965, resolveu arriscar-se a mostrar alguns de seus poemas para Andrei Siniávski, mas Siniávski foi preso poucos dias antes da reunião que haviam marcado. Tsípkin e Siniávski, que eram quase da mesma idade, acabaram nunca se encontrando, e Tsípkin tornou-se ainda mais cauteloso. ("Meu pai", diz Mikhail Tsípkin, que hoje mora na Califórnia, "não tinha propensão a falar e nem mesmo a pensar sobre política. Em nossa família, nem se discutia que o regime soviético era o próprio Mal encarnado.") Após várias tentativas fracassadas de publicar alguns de seus poemas, Tsípkin parou de escrever por um período. Dedicava a maior parte do tempo a terminar "Um estudo das propriedades morfológicas e biológicas da cultura de células de tecidos tripsínicos", sua tese de doutoramento em ciências. (Sua tese anterior foi sobre índices de crescimento de tumores cerebrais submetidos a repetidas cirurgias.) Após a defesa bem-sucedida de seu segundo doutoramento, em 1969, Tsípkin obteve um aumento de salário que o libertou de um emprego noturno como patologista, em regime de meio expediente, num hospital pequeno. Já com mais de quarenta anos de idade, recomeçou a escrever — não poesia, mas prosa.

Nos treze anos que lhe restavam para viver, Tsípkin criou um pequeno conjunto de obras de alcance e complexidade cada vez maiores. Depois de um punhado de esboços breves, vieram contos mais longos, mas urdidos, duas novelas autobiográficas, *A ponte sobre Nierotch* e *Norartakir*, e depois sua última e mais longa obra de ficção, *Verão em Baden-Baden*, uma espécie de romance-sonho em que o sonhador, o próprio Tsípkin, evoca a sua vida e a de Dostoiévski numa narrativa torrencial e impetuosa. Escrever proporcionava-lhe saciedade e isolamento. "De segunda a sexta", conta Mikhail Tsípkin, "meu pai saía pontualmente às quinze para as oito rumo ao seu trabalho no Instituto de Poliomielite e Encefalite Viral, num bairro distante, em Moscou, perto do aeroporto de Vnúkovo. Voltava às seis da tarde, jantava, tirava um rápido cochilo e sentava-se para escrever — se não sua prosa, seus trabalhos de pesquisa médica. Antes de ir dormir, às dez da noite, às vezes fazia uma caminhada. Em geral, também passava os fins de semana escrevendo. Meu pai tinha ânsia de aproveitar qualquer chance de escrever, mas escrever era difícil, penoso. Sofria ante cada palavra e corrigia interminavelmente seus originais, escritos à mão. Uma vez terminado e revisado o texto, ele datilografava sua prosa numa antiga e reluzente máquina de escrever alemã, uma Erika — despojo da Segunda Guerra Mundial que um tio lhe dera em 1949. E seus escritos permaneceram dessa forma. Não enviou os manuscritos para editores e não queria pôr sua prosa para circular em *samizdat* porque temia problemas com a KGB e perder o emprego." Escrever sem esperança ou perspectiva de ser publicado — que reservas de fé na literatura isso supõe? O leitorado de Tsípkin nunca foi além da esposa, o filho e uns poucos colegas do filho na Universidade de Moscou. Não tinha amigo verdadeiro algum em nenhum dos mundos literários de Moscou.

Entre os familiares diretos de Tsípkin, houve uma personalidade literária, a irmã caçula de sua mãe, a crítica literária Lídia Poliak, e os leitores de *Verão em Baden-Baden* são indiretamente apresentados a ela logo na primeira página. A bordo de um trem rumo a Leningrado, o narrador abre um livro, um livro precioso cuja encadernação e cujo ex-libris ornamental são descritos carinhosamente, antes de sabermos que se trata do *Diário* da segunda esposa de Dostoiévski, Anna Grigórievna Dostoiévskaia, e que aquele exemplar, frágil e à beira de se despedaçar quando veio parar nas mãos de Tsípkin, pertence a uma tia cujo nome não é revelado, mas só pode ser Lídia Poliak. Como "havia pegado esse livro em casa de minha tia, que possuía uma grande biblioteca, e, do fundo de minha alma, não tencionava devolvê-lo, mandei encaderná-lo", escreve Tsípkin.

Segundo Mikhail Tsípkin, vários contos do seu pai contêm referências ásperas a Poliak. Membro bem relacionado da *intelligentsia* de Moscou durante meio século, ela manteve o cargo de pesquisadora de literatura mundial no Instituto Górki desde os anos 1930 e, mesmo quando foi demitida do cargo de professora na Universidade de Moscou durante os expurgos anti-semitas no início da década de 1950, conseguiu conservar seu emprego no instituto, onde Siniávski, mais tarde, tornou-se seu colega subalterno. Embora tenha sido ela quem conseguiu o encontro abortado com Siniávski, Poliak pelo visto desaprovava os escritos do sobrinho e apenas o tratava com condescendência, o que ele nunca perdoou.

Em 1977, o filho de Tsípkin e a nora resolveram pedir vistos de saída do país. Com medo de que seu emprego, onde se exigia dos funcionários uma aprovação do Serviço de Segurança, pudesse prejudicar os planos do filho, Natália Mitchnikova demitiu-se da divisão do Comitê Estatal de Suprimentos Técnicos e Materiais (a sigla em russo era GOSSNAB), que distribuía equipamentos pesados para obras e construção de estradas em praticamente todos os setores da economia soviética, inclusive o setor militar. Os vistos de saída foram concedidos, e Mikhail e Elena Tsípkin partiram para os Estados Unidos. Assim que a KGB retransmitiu essa informação para Serguei Drozdov, o diretor do Instituto de Poliomielite e Encefalite Viral, Tsípkin foi rebaixado a pesquisador júnior — cargo próprio a uma pessoa sem título acadêmico (ele tinha dois) e seu ponto de partida na carreira, mais de vinte anos antes. Seu salário, a única fonte de renda do casal, foi reduzido em 75%. Tsípkin continuou indo ao instituto todos os dias, mas foi excluído da pesquisa de laboratório, que sempre era executada em equipes; nenhum dos seus colegas estava disposto a trabalhar com ele, por medo de ficar marcado pelo contato com um "elemento indesejável". Não fazia sentido buscar um cargo de pesquisador em outro lugar, pois em todos os pedidos de emprego ele teria de declarar que seu filho havia emigrado.

Em junho de 1979, Tsípkin, sua esposa e sua mãe pediram vistos de saída do país. Esperaram, então, por quase dois anos.

Em abril de 1981, foram informados de que seus pedidos eram "inconvenientes" e que haviam sido negados. (A emigração na URSS quase cessou em 1980, quando as relações com os Estados Unidos se deterioraram em conseqüência da invasão soviética do Afeganistão; tornou-se óbvio que, naquela altura, não seria obtido nenhum favor de Washington em troca da autorização para que judeus soviéticos emigrassem.) Foi nesse período que Tsípkin escreveu a maior parte de *Verão em Baden-Baden*. Ele começou o livro em 1977 e terminou em 1980. A escrita foi precedida por anos de preparação: consultou arquivos e fotografou locais ligados à vida de Dostoiévski, bem como lugares freqüentados por seus personagens durante as estações do ano e as horas do dia citadas nos romances. (Tsípkin foi um fotógrafo amador aplicado e possuía uma câmera desde o início da década de 1950.) Após dar por encerrado *Verão em Baden-Baden*, doou um álbum dessas fotos para o museu Dostoiévski em Leningrado.

Por mais inconcebível que fosse a publicação de *Verão em Baden-Baden* na Rússia, existia a opção de publicá-lo no exterior, como faziam os melhores escritores com suas obras. Tsípkin resolveu tentar justamente isso e pediu a Azari Messerer, um amigo jornalista que recebera permissão para sair do país no início de 1981, que contrabandeasse um exemplar do manuscrito e algumas fotos para fora da União Soviética. Messerer conseguiu fazê-lo graças aos bons ofícios de dois amigos americanos, um casal, correspondentes da UPI em Moscou.

No fim de setembro de 1981, Tsípkin, sua esposa e sua mãe renovaram o pedido de vistos de saída. No dia 19 de outubro, Vera Poliak morreu, aos 86 anos. A recusa dos três vistos chegou uma semana depois; dessa vez, a decisão havia demorado menos de um mês.

No início de março de 1982, Tsípkin foi conversar com o diretor do departamento de concessão de vistos em Moscou, que lhe disse: "Doutor, o senhor jamais conseguirá permissão para emigrar". Na segunda-feira, 15 de março, Serguei Drozdov comunicou a Tsípkin que ele não trabalharia mais no instituto. No mesmo dia, Mikhail Tsípkin, que cursava pós-graduação em Harvard, ligou para Moscou a fim de comunicar ao pai que ele, finalmente, se tornara um escritor publicado. Azari Messerer conseguira que *Verão em Baden-Baden* fosse aceito por um periódico semanal de emigrados russos em Nova York, *Nóvaia Gazeta*. O primeiro fascículo, ilustrado por algumas fotos de Tsípkin, viera a público no dia 13 de março.

Na manhã de sábado, 20 de março, data do seu 56º aniversário, Tsípkin sentou-se à escrivaninha para continuar a tradução de um texto de medicina do inglês para o russo — traduzir era uma das poucas possibilidades de ganhar a vida que restavam aos *refúseniki* (cidadãos soviéticos, em geral judeus, que tiveram rejeitados pedidos de visto de saída do país e foram demitidos de seus empregos) —, quando de repente sentiu-se mal (era um ataque do coração), deitou-se, chamou a esposa e morreu. Era um escritor publicado havia exatamente sete dias.

Para Tsípkin, era uma questão de honra que tudo aquilo que, em *Verão em Baden-Baden*, era de natureza factual fosse fiel à história e às circunstâncias das vidas reais que ele evoca. Não é, como no caso do maravilhoso romance de J. M. Coetzee, *O mestre de São Petersburgo*, uma fantasia em torno de Dostoiévski. Tampouco é um romance-documento, embora Tsípikin fosse obcecado pela idéia de ter tudo "certo". (Nas palavras do seu filho, ele era "muito sistemático" em todos os assuntos.) Tsípkin pode ter imaginado que se *Verão em Baden-Baden* fosse publicado algum dia em forma de livro, incluiria algumas fotos que ele havia tirado, antecipando desse modo a marca registrada da obra de W. G. Sebald, que, ao semear seus livros com fotos, impregnou com enigma e *pathos* a noção mais banal de verossimilhança. Que tipo de livro é *Verão em Baden-Baden*? Desde o início, propõe uma narrativa dupla. É inverno, fim de dezembro, nenhuma data é indicada: uma espécie de "agora". O narrador está num trem rumo a Leningrado (São Petersburgo, no passado e no futuro). Meados de abril de 1867. O casal Dostoiévski, Fiódor ("Fédia") e sua jovem esposa Anna Grigórievna deixaram São Petersburgo e estão a caminho de Dresden. O relato das viagens de Dostoiévski — pois no romance de Tsípkin elas se darão sobretudo no exterior e não apenas em Baden-Baden — foi cuidadosamente pesquisado. Os trechos em que o narrador — Tsípkin — descreve suas ações são inteiramente autobiográficos. Uma vez que imaginação e fato são facilmente contrastáveis, sentimo-nos inclinados a extrair daí algumas lições sobre gênero literário e segregar as histórias inventadas (ficção) das narrativas reais (crônica e autobiografia). Isso é uma convenção — a nossa. Na literatura japonesa, o chamado romance-do-eu (*xixosetsu*), uma narrativa essencialmente autobiográfica mas que contém episódios inventados, é uma forma dominante de romance.

Em *Verão em Baden-Baden*, vários mundos "reais" são evocados, descritos, recriados em uma alucinatória torrente de associações. A originalidade do romance de Tsípkin repousa na maneira como ele se *move*, dos deslocamentos do narrador que nunca diz seu nome, em sua viagem através da desolada paisagem contemporânea soviética, para a vida do peripatético casal Dostoiévski. Em meio à ruína cultural que é o presente, o passado febril reluz. Tsípkin viaja *para dentro* das almas e dos corpos de Fédia e de Anna, enquanto viaja rumo a Leningrado. Há atos de empatia prodigiosos, misteriosos.

Tsípkin ficará em Leningrado durante alguns dias: é uma peregrinação dostoievskiana (seguramente, não a primeira), solitária (como de hábito, sem dúvida alguma), que terminará com uma visita à casa onde Dostoiévski morreu. Os Dostoiévski estão apenas começando suas viagens, sempre carentes de dinheiro; ficarão na Europa Ocidental por quatro anos. (Vale lembrar que o autor de *Verão em Baden-Baden* nunca obteve permissão para sair da União Soviética.) Dresden, Baden-Baden, Basiléia, Frankfurt, Paris — a sina deles era ser constantemente perturbados pelas confusões e humilhações de uma sufocante penúria financeira, ao mesmo tempo que tinham de enfrentar o coro de estrangeiros presunçosos (porteiros, cocheiros, senhorias, garçons, balconistas, crupiês) e acessos de explosões caprichosas e de emoções passageiras de muitos tipos. A febre do jogo. As febres morais. A febre da doença. As febres sensuais. A febre do ciúme. As febres da penitência. O medo...

A principal força retratada na recriação ficcional da vida de Dostoiévski feita por Tsípkin não é jogar, nem escrever, nem crer em Cristo. É o pungente e generoso caráter absoluto (o que não quer dizer satisfatório) do amor conjugal. Quem pode se esquecer da imagem do casal fazendo amor enquanto nada? Capaz de tudo perdoar, mas ainda dignificante, o amor de Anna por Fédia rima com o amor do discípulo da literatura, Tsípkin, por Dostoiévski.

Nada é inventado. Tudo é inventado. A ação que serve de moldura é a viagem do narrador rumo aos locais onde se passaram a vida de Dostoiévski e seus romances, parte da preparação (como logo compreendemos) para o livro que temos nas mãos. *Verão em Baden-Baden* pertence a um raro e sofisticadamente ambicioso gênero de romance: ao recontar a vida real de uma pessoa de talento de uma outra época, ele entrelaça essa história com uma história do presente, as árduas reflexões do romancista em seu esforço para penetrar mais fundo na vida interior de uma personalidade cujo destino era tornar-se não só histórica, mas monumental. (Outro exemplo, e uma das glórias da literatura italiana do século xx, é *Artemisia*, de Anna Banti.)

Tsípkin parte de Moscou na primeira página e, dois terços do livro depois, desembarca em Leningrado, na estação Moscou. Embora ciente de que em algum ponto perto da estação se encontra o "prédio cinzento, comum em Petersburgo", onde Dostoiévski passou os últimos anos de vida, ele segue em frente com sua maleta sob as gélidas sombras noturnas, atravessa a avenida Niévski para passar por outros locais ligados aos últimos anos de Dostoiévski e em seguida surgir no lugar onde ele sempre fica hospedado quando vai a Leningrado, um apartamento comunal bastante degradado, ocupado por uma amiga de sua mãe, descrita de forma afetuosa, a qual lhe dá boas-vindas, o alimenta, prepara-lhe um sofá velho e quebrado para ele dormir e pergunta, como sempre: "Você continua apaixonado por Dostoiévski?". Quando ela vai dormir, Tsípkin mergulha num volume das obras escolhidas de Dostoiévski, fisgado ao acaso na estante, uma edição publicada antes da Revolução, *Diários de um escritor*, e adormece meditando a respeito do mistério do anti-semitismo de Dostoiévski.

Após conversar com sua velha e afetuosa amiga durante a manhã e ouvir mais histórias dos horrores sofridos durante o cerco de Leningrado, Tsípkin sai — o breve dia de inverno já está escurecendo — para perambular pela cidade, "tirando fotos da casa de Raskólnikov, da casa da velha usurária, da casa de Sônia ou dos prédios em que havia morado o criador de todos eles, porque foi exatamente naquele local que ele viveu o período mais escuro e clandestino da sua vida, nos anos imediatamente seguintes ao seu regresso do "exílio". Caminhando, "guiado por uma espécie de instinto", Tsípkin consegue chegar "exatamente ao lugar que queria" — "meu coração palpitava de alegria e também de algum outro sentimento vago" —, em frente ao prédio de esquina, de quatro andares, onde Dostoiévski morreu, hoje o Museu Dostoiévski; e à descrição da visita ("Um silêncio quase eclesiástico reinava nas salas do museu") segue-se a narrativa de uma agonia digna de Tolstói. É pelo prisma da dor cruciante que Tsípkin recria as longas horas no leito de morte presentes nesse livro sobre o amor, o amor conjugal e o amor à literatura — amores de forma alguma vinculados ou comparados, mas que recebem, cada um, o que lhes é devido, e que contribuem, cada um, com a sua chama inspiradora.

Amando Dostoiévski, o que fará uma pessoa — o que fará um judeu — com a informação de que ele odiava judeus? Como explicar o degradante anti-semitismo de "um homem tão sensível aos sofrimentos humanos, em seus romances, um tão cioso defensor dos humilhados e ofendidos"? E como compreender "essa atração especial que Dostoiévski parece exercer sobre os judeus"?

Entre os judeus adoradores de Dostoiévski, o mais poderoso intelectualmente, Leonid Grossman (1888-1965), encabeça uma longa lista de figuras citadas por Tsípkin. Grossman é uma fonte importante para a reimaginação da vida de Dostoiévski e, no início de *Verão em Baden-Baden*, ele cita um livro que é fruto da faina acadêmica de Grossman. Foi ele quem editou a primeira seleção das *Memórias* de Anna Grigórievna Dostoiévskaia, publicada em 1925, sete anos após a sua morte. Tsípkin especula que a falta de "judeuzinhos detestáveis" e de outras expressões que seriam de esperar nas memórias da viúva de Dostoiévski pode ser explicada pelo fato de que ela as escreveu às vésperas da Revolução, após ter conhecido Grossman.

Tsípkin deve ter lido muitos ensaios importantes de Grossman sobre Dostoiévski, como *Balzac* e *Dostoiévski* (1914) e *Biblioteca de Dostoiévski* (1919). Deve ter esbarrado com o romance de Leonid Grossman, *Roulettenburg* (1932), uma glosa do romance de Dostoiévski sobre a paixão do jogo. (*Roulettenburg* era o título original de *O jogador.*) Mas não pode ter lido *Confissão de um judeu* (1924), de Grossman, que permaneceu completamente fora de circulação. *Confissão de um judeu* é o relato da vida do mais cativante e patético dos dostoievskistas judeus, Arcádi Uri Kóvner (1842-1909), criado no gueto de Vilna, com quem Dostoiévski manteve um relacionamento epistolar. Autodidata afoito, Kóvner ficou fascinado pelo escritor e se inspirou na leitura de *Crime e castigo* para cometer um roubo a fim de socorrer uma jovem pobre e doente pela qual estava apaixonado. Em 1877, de sua cela numa prisão em Moscou, antes de ser transferido para cumprir uma sentença de quatro anos de trabalhos forçados na Sibéria, Kóvner escreveu para Dostoiévski com o intuito de questioná-lo acerca de sua antipatia pelos judeus. (Isso na primeira carta; a segunda tratou da imortalidade da alma.)

No fim, não há solução alguma para a angustiante questão do anti-semitismo de Dostoiévski, tema que irrompe em *Verão em Baden-Baden*, assim que Tsípkin chega a Leningrado. Parecia, escreve ele, "estranho, à beira do implausível", que Dostoiévski não tivesse pronunciado nem "uma única palavra em defesa ou em justificativa de um povo perseguido ao longo de milhares de anos [...] e ele nem mesmo se referia aos judeus como um povo, mas como uma tribo [...] e dessa 'tribo' fazíamos parte eu e numerosos conhecidos ou amigos meus, com os quais eu discutia questões sutis da literatura russa". No entanto isso não impediu os judeus de amarem Dostoiévski. Como explicá-lo?

Tsípkin não tem nenhuma explicação melhor do que o fervor dos judeus pela literatura russa — o que pode nos fazer lembrar que a devoção a Goethe e a Schiller foi, em larga medida, um caso judeu, até o momento em que a Alemanha começou a assassinar seus judeus. Amar Dostoiévski significa amar a literatura.

Rota de colisão de todos os grandes temas da literatura russa, *Verão em Baden-Baden* é unificado pela engenhosidade e pela velocidade de sua linguagem, que se desloca de forma impetuosa e sedutora entre a primeira e a terceira pessoas — as ações, as lembranças, as reflexões do narrador ("eu") e as cenas de Dostoiévski ("ele", "eles", "ela") — e entre passado e presente. Mas não se trata de um presente unitário (do narrador Tsípkin em sua peregrinação dostoievskiana), como tampouco se trata de um passado unitário (do casal Dostoiévski, de 1867 a 1881, ano da morte do escritor). Dostoiévski, no passado, submete-se à contracorrente das cenas lembradas, paixões de momentos anteriores de sua vida; o narrador, no presente, evoca memórias do seu passado.

Cada parágrafo abre com uma frase muito longa, cujos conectivos são "e" (em grande número), "mas" (alguns), "embora", "e assim", "ao passo que", "assim como", "porque", "como se", além de inúmeros travessões, e só se chega a um ponto final quando o parágrafo termina. No decurso dessas frases-parágrafos zelosamente estendidas, o rio de sentimentos se avoluma e leva de roldão a narrativa da vida de Dostoiévski e de Tsípkin: uma frase que começa com Fédia e Anna em Dresden pode retroceder aos anos em que Dostoiévski era um condenado, ou então a um acesso, mais antigo, da mania de jogar, ligado ao seu romance com Polina Súslova, e depois enlaçar a isso uma recordação dos tempos em que o narrador era estudante de medicina e uma reflexão sobre alguns versos de Púchkin.

As frases de Tsípkin fazem lembrar as frases caudalosas de José Saramago, que desdobram diálogo em descrição e descrição em diálogo, e são trespassadas por verbos que se recusam a se manterem de forma coerente, quer no tempo passado, quer no tempo presente. Em seu caráter incessante, as frases de Tsípkin têm algo da força e da autoridade convulsiva das frases de Thomas Bernhard. Obviamente, Tsípkin não poderia ter conhecimento dos livros de Bernhard e Saramago. Tinha outros modelos de prosa extasiante na literatura do século xx. Amava a prosa inicial de Pasternak, não a posterior — *Salvo-conduto*, não *Doutor Jivago*. Amava Tsvetáieva. Amava Rilke, em parte porque Tsvetáieva e Pasternak amaram Rilke; lia muito pouco literatura estrangeira, e só em tradução. Do que havia lido, sua maior paixão foi Kafka, a quem descobriu graças a um volume de contos publicado na União Soviética em meados da década de 1960. A assombrosa frase de Tsípkin foi uma criação inteiramente sua.

O filho de Tsípkin diz que seu pai era obcecado por detalhes e compulsivamente caprichoso. Sua nora, ao comentar a escolha da especialidade médica de Tsípkin — patologia — e a sua decisão de nunca exercer a clínica médica, recorda que "ele tinha muito interesse pela morte". Talvez só um hipocondríaco obsessivo e assombrado pela morte, como Tsípkin parece ter sido, poderia conceber um formato de frase livre, de um modo tão original. Sua prosa é um veículo ideal para a força emocional e para a riqueza do seu tema. Num livro relativamente curto, a frase longa indica inclusão e associação, a vivacidade apaixonada de um temperamento imbuído de intransigência a respeito da maior parte das coisas.

Além do relato do incomparável Dostoiévski, o romance de Tsípkin oferece uma turnê mental extraordinária pela realidade russa. Os sofrimentos da era soviética são tomados como ponto pacífico — se não for um modo demasiado estranho de me expressar —, desde o Grande Terror de 1934-7 até a busca do narrador no presente: o livro vibra com isso. *Verão em Baden-Baden* é também um relato inspirado e plangente sobre a literatura russa — o arco inteiro da literatura russa. Púchkin, Turguêniev (há uma cena de confronto feroz entre Dostoiévski e Turguêniev) e as grandes figuras da literatura e da luta ética do século xx — Tsvetáieva, Soljenítsin, Sákharov e Bonner — também comparecem, derramadas no interior da narração.

O leitor emerge de *Verão em Baden-Baden* purgado, comovido, fortalecido, respirando um pouco mais fundo, agradecido à literatura por aquilo que ela pode abrigar e exemplificar. Leonid Tsípkin não escreveu um livro longo. Mas fez uma grande viagem.

Um destino duplo
Sobre Artemisia, *de Anna Banti*

"*Non piangere.*" Não chore. São as primeiras palavras do romance *Artemisia*, de Anna Banti. Quem está falando? E quando? A voz na primeira pessoa — a voz da autora — escreve "neste dia de agosto", omitindo o dia e o ano, mas não é difícil adivinhar. 4 de agosto de 1944; fim da Segunda Guerra Mundial — é quando começa o romance de Banti, cuja protagonista é a pintora italiana do século XVII Artemisia Gentileschi. A ocupação de Florença pelos nazistas, logo após a queda do governo de Mussolini, dera início à sua fase final e aterradora. Às quatro horas daquela manhã, os alemães, que haviam começado a evacuar a cidade, detonaram as minas que haviam instalado ao longo do Arno, conseguindo explodir todas as pontes veneráveis, exceto a Ponte Vecchio, e arruinar muitas casas nas margens ou próximas ao rio, entre elas a casa no Borgo San Jacopo, onde Banti morava, sob cujas ruínas ficaram soterrados os manuscritos do seu novo romance, quase terminado, sobre Artemisia Gentileschi.
"*Non piangere.*" Não chore. Quem está falando? E onde? É a autora, ainda de camisola (como num sonho, escreve ela), senta-

da numa vereda de cascalho nos Jardins Boboli — no promontório no lado sul do Arno —, soluçando, dizendo a si mesma para não chorar, e por fim parando de chorar, aturdida com o entendimento ainda mais claro daquilo que foi destruído na devastação ocorrida poucas horas antes. O *centro storico* de Florença está em chamas. Há combates, tiroteios. (Ainda vão se passar mais sete dias, antes que a cidade toda seja libertada pelos aliados.) Os refugiados se aglomeraram nas partes mais altas, no Forte di Belvedere, de onde ela havia descido um pouco mais cedo; aqui, escreve ela, não há ninguém por perto. Dali a pouco ela vai se pôr de pé e contemplar os escombros amontoados às margens do Arno. E vai se passar um dia inteiro. Depois da "confusa alvorada branca" nos Jardins Boboli das primeiras linhas do romance, virá o meio-dia (há uma referência aos soldados da África do Sul que entraram na cidades seis horas antes), e Banti vai procurar refúgio mais abaixo, na galeria Palatina do Palazzo Pitti, e depois o pôr-do-sol, quando ela estará de novo no Forte di Belvedere (onde, diz ela, as pessoas correm o risco de ser alvejadas por metralhadoras ao se deitarem na grama do lado de fora) e, daquele ponto de vista privilegiado, ela continuará a lamentar-se por Florença e pela morte de tudo à sua volta, e pelo manuscrito que agora só existe na sua frágil memória.

"*Non piangere.*" Não chore. Quem está falando e para quem? É a autora chocada que fala para si mesma, diz a si mesma para ser corajosa. Mas ela também se dirige à heroína do seu romance, "minha companheira de séculos atrás", que reviveu nas páginas em que Banti contou a sua história. E enquanto ela se lamenta, imagens de Artemisia irrompem na mente de Banti, primeiro de "uma Artemisia desiludida e desesperada", na meia-idade, em Nápoles, não muito antes da sua morte; depois, de Artemisia quando criança, em Roma, aos dez anos de idade, "suas feições delicadas exprimem orgulho e maus-tratos". Enquanto faz zombaria com a perda do manuscrito, "as imagens continuam a fluir com uma facilidade mecânica, irônica, secretadas por este mundo estraçalhado". *Artemisia* se perdeu, mas Artemisia, sua lamentosa presença fantasmática, está em toda parte, irreprimível. Logo — a desolação de Artemisia e a de Banti são muito afins — a angustiada voz da autora em primeira pessoa cede lugar à voz de Artemisia, e então, de forma intermitente e depois durante passagens mais longas, é dada permissão à voz em terceira pessoa que narra a vida da pintora.

Pois o que o leitor tem nas mãos é, está claro, o romance escrito — escrito de novo — nos três anos seguintes e publicado no fim de 1947, quando Anna Banti (pseudônimo de Lucia Lopresti) estava com 52 anos de idade. Embora ainda fosse publicar dezesseis obras de ficção e de prosa autobiográfica antes de morrer aos noventa anos de idade, em 1985, este — o seu segundo romance — é aquele que lhe garante um lugar no mundo da literatura.

Livro fênix, escrito das cinzas de um outro livro, o romance é um tributo à amargura e à tenacidade — da menina espoliada do início do século XVII, que irá, contra todas as expectativas, tornar-se uma pintora famosa, e da autora espoliada que vai escrever um romance certamente mais original do que aquele consumido pelas chamas da guerra. A perda tornou a autora livre para entrar no livro, falando para si mesma e para Artemisia. ("Não chore.") Artemisia tornou-se ainda mais cara à autora, cujo sentimento se fez mais profundo, tornou-se quase amoroso. Artemisia é a amada esquiva que, por causa da perda do manuscrito, agora se faz mais intensamente presente no espírito da autora e mais exigente do que nunca. É uma relação de amor que ainda precisa ser descrita em sua plenitude, a que existe entre a autora, ora meiga, ora queixosa, e a presa, a vítima, o tirano cuja atenção e cumplicidade ela deseja.

Nunca a paixão de uma romancista pelo seu protagonista foi formulada de maneira tão vigorosa. A exemplo de *Orlando*, de Virginia Wolf, *Artemisia* é uma espécie de dança com a sua protagonista: através dela, perpassam todas as relações que a autora pode conceber com a mulher fascinante cuja biógrafa ela resolveu ser. O romance perdido foi refundido como um romance sobre uma obsessão. Nada tão grosseiro como uma identificação: Anna Banti não se descobre em Artemisia Gentileschi — assim como Virginia Wolf também não pensa que é Orlando. Ao contrário, Artemisia é, para sempre e acima de tudo, uma outra pessoa. E a romancista é sua serva — a sua amanuense. Às vezes Artemisia se faz dengosamente inacessível. ("A fim de me repreender mais ainda e me forçar a me recriminar pela minha perda, ela baixa as pálpebras, como que para me dar a entender que está pensando em alguma coisa e que nunca vai me contar do que se trata.") Outras vezes ela se mostra submissa e sedutora. ("É só em meu proveito que Artemisia recita a sua lição; ela quer provar-me que acredita em tudo o que inventei...") O livro é um testamento, ditado por Artemisia. Mas é também uma história, impelida pelo capricho e preenchida por fantasias da imaginação da autora, não por exigência de Artemisia, de forma alguma, embora ela possa abrir mão de suas objeções. Banti pede e recebe a permissão de Artemisia para contar. Ela faz pressão contra a relutância de Artemisia em aceitar a autora em seus pensamentos. O jogo de ocultamento é recíproco: "Estamos jogando uma partida de xadrez, Artemisia e eu".

Em certo momento, Banti argumenta que já não se importa mais com o livro que estava quase pronto: "Mesmo que eu visse o manuscrito perdido com todas as suas anotações, os seus trechos riscados, bem na minha frente, sobre a grama que ainda ressoa com o barulho dos tiros de canhão, não me daria ao trabalho de ler nem uma linha". Mas isso é só uma bravata. Artemisia se prende, importuna, no interior da mente de Banti. Por que ela haveria de ser abandonada? Afinal de contas, "uma prisioneira precisa se distrair de algum modo, e me restaram muito poucas coisas com que me divertir, só uma boneca que posso vestir e despir; sobretudo despir... Se Artemisia ainda fosse um fantasma e não um nome esquisito, pesado, ela ficaria abalada com as minhas digressões desrespeitosas".

Uma autora que pode ser definida como uma espécie de amante é, inevitavelmente, alguém que insiste em estar presente — remoendo, interrompendo, divagando sobre o seu livro. Implacavelmente dialógico (ser dialógico é da natureza da linguagem do amor), o romance oferece uma apaixonante mistura de vozes da primeira e da terceira pessoas. O "eu" em geral pertence a Banti, mas pode ser da própria Artemisia, em momentos narrativos mais pungentes. A voz da terceira pessoa oferece uma narração onisciente, classicamente isenta ou, na maior parte do tempo, aquela variante mais afetuosa denominada discurso indireto livre, que se alia de forma tão íntima aos pensamentos de um personagem que redunda numa primeira pessoa transposta ou disfarçada. A autora, com suas confissões ardorosas e suas sondagens nervosas do que pode e não pode ser dito acerca de Artemisia, para o bem de Artemisia, nunca se afasta.

O romance é uma conversa que a autora trava com Artemisia — Banti fala, ousadamente, de sentir-se presa ao romance "pelas nossas conversas" —, mas outros pretextos também são mencionados, como que para estabelecer uma relação mais fria com a sua personagem (por quem, Banti já o declarou no prefácio, ela "talvez tenha uma afeição grande demais"). Seu vínculo parece "uma espécie de contrato assinado legalmente entre um advogado e o seu cliente, e que eu tenho de honrar". Ou, propõe Banti, Artemisia "é um credor, uma consciência teimosa, escrupulosa, à qual me acostumei, como a gente se acostuma a dormir no chão".

Tudo isso para explicar — ou antes, complicar — a verdade de que, como Banti se dá conta, ela "nunca será capaz de libertar-se outra vez de Artemisia". A presença de Banti na narrativa está no coração — é o coração — do romance. Noutra passagem, Banti imagina o drama infame da adolescência de Artemisia, quando ela já era uma artista de espantosa competência: seu estupro em 1611, por um pintor, colega do seu pai, homem eminente; a decisão de tornar público o estupro e procurar justiça; o julgamento, em 1612, em que a queixosa juvenil foi submetida à tortura para determinar se dizia a verdade; a aceitação dos argumentos de Artemisia (o que não diminuiu o escândalo), depois do que o seu pai, muito ausente, deixou Roma e foi morar em Florença, levando consigo a filha desonrada. E agora é o outono de 1944, em Florença, e Banti descreve a si mesma como "levando Artemisia pela mão numa vereda dos Jardins Boboli, destruídos e desertos após a partida dos refugiados; e eu a incentivo a seguir com os poucos remanescentes, os infelizes proprietários dessa área grande e poluída, para encontrar-se com prostitutas e soldados rudes". Na engenhosa dramatização que Banti faz da liberdade de um autor para imaginar, recriar, inventar — prerrogativas tradicionais que se aplicam não menos aos romances chamados "históricos", apoiados em documentos —, Artemisia tornou-se a tutela de uma autora atormentada, peremptória, que reclama o direito de vagar ao lado de uma pessoa real recriada, impor a ela sentimentos novos, e até mudar sua aparência. A certa altura, Banti repara, Artemisia "ficou tão dócil que até a cor do seu cabelo muda, se torna quase preto, e sua tez cor de oliva, tal como eu a imaginei quando li, pela primeira vez, o relato do seu julgamento nos papéis cor de mofo. Fecho os olhos e, pela primeira vez, uso o 'tu' para me dirigir a ela".

Percorrendo a história como um demiurgo saudoso da sua

criatura, Banti permanece em seu próprio tempo. É Artemisia quem se transforma numa viajante do tempo, uma visitante, um fantasma tão real que ela pode ser medida até fisicamente na consciência da autora. Assim a narração de Artemisia do seu estupro é reproduzida tal como foi contada à autora e, quando a história lamentável chega bruscamente ao fim, diz Banti, "ela descansa a cabeça no meu ombro, e tem o peso de um pardal". De fato, o relato do estupro, no início do romance e chocante na sua brevidade, está totalmente encerrado na troca dialógica com Banti.

As incursões espectrais de Artemisia no interior do presente de Banti saturam com uma premência emocional todos os passos adiante da narração da vida da pintora, uma pretensão de um grau de intimidade sobrenatural com o passado inacessível. "Aprisionada no tempo e no espaço como uma semente estéril, ouço um sussurro vetusto, a poeirenta respiração dos séculos, minha respiração e a de Artemisa combinadas." Há espasmos convencionais de desânimo. Estamos no ano seguinte, 1945: "Agora admito", escreve ela, "que não é possível chamar de volta à vida e entender uma ação ocorrida trezentos anos atrás, muito menos uma emoção, e aquilo que na época era a tristeza e a felicidade". De maneira mais impressionante, Banti se pergunta se o novo golpe da realidade — a guerra e suas devastações — não deixou para trás as preocupações do romance e modificou os termos em que ele pode ser escrito. "O ritmo da história dela tinha a sua própria moral e a sua própria significação, que talvez tenham desmoronado em razão de minhas experiências recentes. Uma moral e uma significação com as quais faço minhas brincadeiras. Artemisia terá de se contentar com o que virá a seguir."

E o romance, então, volta para a história da pintora — da mulher.

Aquela que hoje é a única mulher a integrar a incomparável série dos Velhos Mestres Europeus, Artemisia Gentileschi não era uma pintora canônica quando Banti resolveu transformá-la na personagem principal de um romance. Porém essa vida particular pode parecer um tema óbvio para essa autora. A primeira década da produção literária de Banti, os anos 1920, foi dedicada à história da arte e ela voltou, de quando em quando, a publicar monografias sobre pintores (Lorenzo Lotto, Fra Angelico, Velázquez, Monet) durante o período em que já se havia tornado uma prolífica escritora de ficção, entre 1950 e 1960. Quase todos os seus contos e romances tinham protagonistas femininos — mulheres de espírito excepcional, mulheres solitárias (que podem ser esposas de homens poderosos), mulheres fortes; a indignação da autora deve ser deduzida daquilo que a austera e elegante voz narrativa na terceira pessoa deixa sem ser dito. O uso recorrente de tais personagens sugere os sentimentos dúbios de Banti acerca de suas próprias ambições e realizações. Parece que, na década de 1930, ela teve o sonho de ser diretora de cinema, algo impossível numa Itália fascista, e só então dedicou-se à literatura de ficção. (Sua primeira obra foi um conto publicado numa revista literária em 1934, no qual adotou o pseudônimo que a partir de então passou a usar.) Como ela viria a dizer no final da sua longa vida, sua predileção era por histórias de mulheres, "sábias à sua maneira", que se tornaram "conscientes de que o bem tinha sido derrotado" e que seu destino era "uma mediocridade infeliz" — não eram contos sobre a perseverança bem-sucedida no terreno da vocação artística.

O romance sobre Artemisia Gentileschi, escrito numa voz implacavelmente emotiva, é a grande exceção: o relato do triunfo de uma mulher imensamente talentosa na época em que uma carreira independente nas artes era uma opção quase inimaginável para uma mulher.

De forma bastante adequada, o nome Artemisia está ligado à determinação feminina, está ligado a mulheres que fazem bemfeito aquilo que os homens fazem. Na mitologia grega, Ártemis — Artemisia significa "adoradora de Ártemis" — é a deusa da caça. Na história — a grande *História* de Heródoto, que relata a tentativa do império persa de conquistar as pequenas cidades gregas independentes na fronteira noroeste do vasto domínio de Xerxes —, é o nome de uma rainha e de uma líder militar: Artemisia, rainha do Halicarnasso, uma cidade grega da Jônia, que se aliou aos persas e foi posta por Xerxes no comando de cinco navios.

No que diz respeito a vocações, uma rainha grega que comanda uma esquadra naval persa é só um pouco mais improvável do que uma mulher italiana do século XVII tornar-se uma pintora profissional, muito solicitada, de grandes composições narrativas com temas bíblicos e clássicos — muitas das quais retratam a fúria e a vitimização de mulheres. Mulheres matando homens — Judite apunhalando Holofernes, Jael dando cabo de Sisera. E mulheres matando a si mesmas — Cleópatra, Lucrécia. Mulheres vulneráveis, humilhadas ou suplicando clemência — Susana e os anciões, a Madalena penitente, Ester diante de Ahasuerus. Todos os temas que sugerem os tormentos da própria Artemisia, que já havia feito algo heróico, sobre o qual quase nada se soube: denunciou um estuprador num tribunal e exigiu a sua condenação. (Banti imagina "a jovem Artemisia sem esperança de obter justiça, de se vingar, de estar no comando".) O seu heroísmo, a sua ambição estão intimamente ligados à sua desonra; ela foi, por assim dizer, libertada por essa desonra, pelo escândalo — o escândalo de um estupro que a própria vítima tornou público (assim como podemos imaginar que os dons guerreiros da Artemisia de Heródoto foram liberados pelo escândalo da deserção da rainha para o lado inimigo).

Banti reconta a decisão de Artemisia: "Então eu disse, vou

seguir sozinha; pensei que após a minha desonra eu pelo menos tinha o direito de ser tão livre quanto um homem". Para uma mulher, ser livre, livre como um homem, significa opções — sacrifícios — e sofrimentos pelos quais um homem pode optar, mas não é obrigado a assumir. No relato de Banti, o que é central na vida de Artemisia não é o estupro; não é o casamento com um jovem obscuro que o pai lhe impôs, depois do veredicto contrário ao estuprador; não são os filhos (três dos quais morreram) que ela deu à luz para o marido. É a solidão, o resultado inexorável da sua dedicação à arte. É a sua solidão, pois no entender de Banti a principal relação na vida de Artemisia é com alguém que ela ama de modo incondicional, reverente, e que não a ama: seu pai, Orazio Gentileschi, mestre pintor e amigo de Caravaggio. (No mapa da história da arte, pai e filha figuram como pintores barrocos que trabalharam no grande rastro do caravaggismo.) Foi ele que instruiu a filha precoce, bem como os seus três irmãos mais jovens, que se revelaram talentos bastante ordinários. Mas o pai era uma presença pouco freqüente na vida de Artemisia e passou seus últimos vinte anos em Gênova, em Paris, e por fim na Inglaterra, num círculo de pintores que incluía Anthony Van Dyck na corte do rei Carlos I, o mais importante colecionador de pinturas da época. Como a principal relação de Artemisia é com esse pai severo e que a rejeitava, o evento narrado de modo mais amplo e emocionante no romance é a viagem que Artemisia faz sozinha, por mar e por terra, de Nápoles (via Livorno, Gênova, Paris e Calais) a Londres, quando ela de repente é chamada por Orazio, então com 74 anos de idade, para unir-se a ele como pintora na corte inglesa.

 Embora heróica por desafiar as normas do seu sexo (e pôr de lado as necessidades femininas que a deixariam enfraquecida) a fim de se tornar uma artista, Artemisia é um tipo feminino familiar. Sua vida e seu caráter são organizados pelo seu medo e subserviência ao pai fechado e dominador. Não existe mãe na vida de Artemisia. A ausência da figura materna é suprida por Banti — uma autora em busca da sua personagem, em vez da busca inversa, pirandeliana —, como se, de algum modo, a dor de Artemisia, os sofrimentos de Artemisia pudessem ser aliviados pelo dom de solidariedade, que viria quando uma escritora italiana, nascida em 1895, trouxesse de volta à vida a pintora italiana, nascida na década de 1590, e a compreendesse de fato.*

No fim do romance, quando Artemisia está sozinha, abandonada, na Inglaterra, onde seu pai acabou de morrer — o ano é 1638 —, há uma outra interseção de séculos, pois é também 1939 e Banti, numa viagem à Inglaterra e sem dúvida pensando no livro que vai ou já começou a escrever, sai em busca — malsucedida — da sepultura de Orazio. E então o romance acompanha Artemisia em sua viagem de volta para Nápoles, e ela só tem

---

* Formada em história da arte, Banti tinha todo o respeito possível pelas fontes disponíveis, e o romance transmite uma idéia do período esplendidamente pesquisada. As alterações que Banti operou na personagem ou na vida foram feitas em nome da sua relação singularmente possessiva com Artemisia (filha, amante, irmã em sofrimento, familiar), e são confessadas; são parte do jogo emocional do romance. Mas a deliberada escolha da autora de modificar fatos conhecidos num romance baseado numa personagem histórica real não deve ser confundida com um conhecimento deficiente. Assim, 1598, ano que Banti dá para o nascimento de Artemisia, no prefácio "Nota ao leitor", era a data então aceita como verdadeira. Apenas vinte anos depois da publicação do romance de Banti foi descoberta uma certidão de nascimento que estabelece que Artemisia Gentileschi nasceu em 1593.

Com a data de Banti, Artemisia teria sido estuprada aos treze anos. E teria doze anos quanto pintou seu primeiro quadro importante, *Susana e os anciões*, assinado e datado de 1610. O estupro e a disposição de Artemisia de abrir um processo na Justiça contra o estuprador e submeter-se à tortura durante o julgamento a fim de "provar" a sua veracidade — para não mencionar a capacidade de produzir uma pintura tão madura e excepcional — compõem uma história bem diferente, ainda que não menos espantosa, agora que sabemos que ela estava no fim da adolescência.

pensamentos sobre a morte. Em luto pelo pai, preparando-se para a sua própria morte, numa carruagem que capota, ou num naufrágio, ou nas mãos dos bandoleiros de estrada (há muitas outras versões dessa morte temivelmente próxima), Artemisia na verdade supera os perigos e as agruras da viagem e consegue libertar-se do seu desespero, cujo fim é a morte, e até mesmo do seu "século cruel, fechado", ao aceitar suas próprias necessidades físicas — fome, sede, sono — e um consolo espectral, "um pressentimento indefinível de alguma era benevolente, de algum espírito afim que, sozinho, saberia como chorar por ela".

Um espírito afim? Em que sentido? Existe a solidariedade oferecida a ela por Banti no interior do romance — um assumido vínculo de dor que une a autora à protagonista; um ato terapêutico de solidariedade, quando a autora encontra em si mesma, bem como em Artemisia, aqueles sentimentos dolorosos. Mas não há no romance nenhum reflexo de um outro vínculo existente entre a autora e a protagonista — sua escravização pela admiração, justificada, de um importante mentor masculino e dominador —, embora a autora do século xx de *Artemisia* se identificasse igualmente com um homem famoso na mesma profissão, tal como a pintora do século xvii.

De fato, o culto de Artemisia pelo pai parece uma transposição da reverência de Anna Banti pelo marido, o destacado crítico italiano, além de historiador de arte e árbitro cultural, Roberto Longhi (1890-1970). Foi Longhi que, entre as suas muitas e poderosas reavaliações, desencadeou a moderna redescoberta dos Gentileschi, pai e filha, como pintores importantes, num artigo publicado em 1916. Banti era aluna de Longhi, quando o jovem e formidável professor lecionava história da arte num *liceo* em Roma; Anna tinha 29 anos e ele, 34; quando casaram, Longhi lecionava na Universidade de Roma havia dois anos. Sua colaboradora em todas as suas atividades, conferencista e escritora sobre arte e, mais tarde, editora e colaboradora freqüente de *Paragone*, a influente revista de artes visuais e literatura que Longhi fundou em 1950, Banti continuou na sombra do marido, como sua servidora intelectual, ao longo do seu casamento de quase meio século — mesmo quando a sua reputação de escritora cresceu. (*Artemisia* é dedicado a Longhi.)

É sempre mais marcante para uma artista, do que para um artista, ter um mentor masculino. Assim, Anna Banti nunca é citada sem a explicação de que é esposa de Roberto Longhi (o inverso não é verdade) — assim como Artemisia Gentileschi é sempre apresentada como filha do grande Orazio Gentileschi. E era assim que Banti, como Artemisia, via a si mesma.

Sem dúvida, tudo isso se acha fora daquilo que é confessado em *Artemisia*. Foi confessado no final. O último livro de Banti, publicado em 1981, onze anos depois da morte de Longhi, quando ela estava com 86 anos, é o seu romance mais diretamente autobiográfico. Traduzido para o inglês com o título de *A piercing cry* [Um grito lancinante] — do italiano *Um grido lacerante* —, é um livro nu, um livro do sofrimento de uma viúva, de clamorosa autocondenação. Como ela se sentia despojada e destituída de valor, desde a morte de *il Maestro* — maneira como a narradora e *alter ego* de Banti, Agnese, se refere ao marido e mestre eminente, ao longo do romance. (A tradução para o inglês faz a narradora chamá-lo, de modo bem menos solene, de "o professor".) O romance oferece um retrato angustiadamente inseguro da sua obra como escritora de ficção, repleto de dúvidas quanto a ter valido a pena escrevê-la. Ela faria melhor se tivesse permanecido como ensaísta de história da arte e como crítica literária, mesmo que nada que ela tenha escrito pudesse satisfazer o padrão quase profético de trabalho intelectual preconizado por Longhi e a renovação do gosto. Suas aventuras na ficção, suas "histórias de mulheres orgulhosas e revoltadas", estavam destinadas a ser vistas com complacência, como uma negligência no cumprimento do dever. Daí o pseudônimo: "Se ela fracassasse, o seu fiasco não envolveria ninguém. Esse nome, um tanto apagado e sem graça, era tudo o que possuía [...]. Quando seus livros começaram a ser publicados (e ela sempre os encarava com um ceticismo genuíno), ela se deu conta de que recebiam uma aprovação respeitosa, mas eram também vistos com desconfiança: ela era, antes de tudo, a esposa de um homem proeminente e tinha de pagar um preço por tal privilégio".

O pseudônimo não é só um disfarce, é um voto de reticência. Escrever obras de ficção, além de crítica literária e resenhas de filmes, era o que distinguia a sua existência como escritora, em relação a Longhi. Na ficção, Banti dá voz a sentimentos e experiências diferentes dos do marido — os sentimentos e as experiências de uma mulher, e uma mulher casada com um homem famoso — e os desloca. Assim, o "eu" extremamente íntimo de *Artemisia* abstém-se resolutamente de qualquer material autobiográfico. O único relacionamento que Banti descreve no livro é com Artemisia. Com Artemisia ela sofre, com Artemisia ela aprende: "Por meio de Artemisia, vim a entender todas as formas, todas as diferentes maneiras como a dor de uma pureza violada pode exprimir-se".

Ao falar da dor de Artemisia, ela escreve: "Pensei ter aliviado essa dor com as minhas páginas". Mas Banti, que não podia deixar de ter consciência dos sentimentos duros que entraram na feitura do romance, também não podia deixar de se apresentar como uma agressora de Artemisia, assim como a sua salvadora. Seu romance é um jogo cruel, assim como um ato de amor; é uma expiação e também um parto. Ela interrompe a história para declarar: "Esse despertar de Artemisia é o meu próprio despertar. As imunidades asseguradas pela guerra, a extraordinária liberdade que todos sentiam que ela havia concedido, tinham terminado". O que ela se atrevia a pensar como uma "colaboração solidária, ativa e compartilhada, o jogo convulsivo de duas mulheres naufragadas que não querem abandonar a esperança de serem salvas", havia desaparecido. E Artemisia "dissolveu-se mais uma vez na luz distante de três séculos atrás, uma luz que ela faz brilhar em cheio no meu rosto e me cega".

De novo, o desânimo. E pouco depois, a repulsa do desânimo. A romancista se atribuiu uma tarefa impossível. É claro, Banti não pode, por uma espécie de mágica solidária que atravessa os séculos, curar os sofrimentos de Artemisia ou consolá-la de tais sofrimentos. Mas pode, ao assumir todo o fardo da solidariedade, consolar e fortificar a si mesma. E aos leitores — sobretudo às leitoras.

Artemisia está longe de ser o único romance importante que testemunha a situação de estar assombrado, habitado, pelo personagem principal. (*Memórias de Adriano*, de Marguerite Yourcenar é outro exemplo.) Mas esse romance é, especificamente, sobre uma mulher de grande talento assombrada por outra mulher de grande talento. Por isso, se não por outras razões, o romance de Banti tem uma ressonância feminista. Mas não admira que Banti sempre tenha repudiado qualquer identificação com sentimentos ou atitudes feministas. Numa carta tardia, ela admitiu admirar Virginia Woolf — escreveu sobre ela e em 1950 traduziu *O quarto de Jacó* —, mas acrescentou que não julgava Woolf "afim". O feminismo, diz ela, referindo-se ao seu *alter ego* em *Um grito lancinante*, é "uma palavra que ela detestava".

Recusar, e recusar com veemência (até com escárnio), uma acusação de feminismo era, está claro, um gesto comum na maioria das mulheres inteligentes e independentes da sua geração — a exceção gloriosa foi Woolf. Pensemos em Hannah Arendt. Ou em Colette, que certa vez declarou que as mulheres que eram burras a ponto de querer votar mereciam "o chicote e o harém". (*La Vagabonde*, seu romance-manifesto sobre uma mulher que opta pela sua carreira e pela vida de solteira, em detrimento do amor de um homem digno e da dependência emocional, foi traduzido para o italiano por Banti.) O feminismo significou muitas coisas; muitas coisas desnecessárias. Pode ser definido como uma posição — sobre justiça, dignidade e liberdade — à qual quase todas as mulheres independentes iriam aderir, se não temessem a retaliação que acompanhava uma palavra com uma reputação tão satânica. Ou pode ser definido como uma posição mais fácil de rejeitar ou de contestar, como fez Banti (e Arendt e Colette). Essa versão do feminismo sugere que existe uma guerra contra os homens, o que era anátema para tais mulheres; esse feminismo sugere uma admissão de força — e uma negação da dificuldade e do preço que as mulheres têm de pagar para ser fortes (sobretudo à custa do apoio e da afeição masculinos); e mais, ele afirma o orgulho de ser mulher, afirma até mesmo a superioridade das mulheres — todas as atitudes que pareciam estranhas a muitas mulheres independentes que se orgulhavam de seus talentos e que conheciam os sacrifícios e as concessões que eles acarretavam.

Artemisia está repleto de afirmações do *pathos* da identidade feminina: a fraqueza das mulheres, a dependência das mulheres, a solidão das mulheres (para que deviam desejar ser outra coisa que não filhas, esposas e mães?), as dores das mulheres, a mágoa das mulheres. Ser mulher é encarcerar-se, e lutar contra o encarceramento, e desejá-lo. "'Quem dera eu não fosse mulher', que lamento fútil", reflete a Artemisia de Banti. "Era muito melhor aliar-se às sacrificadas e aprisionadas, tomar parte do seu destino velado, importante, compartilhar seus sentimentos, seus planos, suas verdades; segredos dos quais os privilegiados, os homens, estavam excluídos." Mas, é claro, o talento de Artemisia — o seu gênio — a expulsa dessa casa.

Artemisia teve um marido, um homem honesto, que depois de alguns anos não estava mais ao seu lado. Artemisia teve uma filha, que cresceu sem receber as atenções da mãe e no fim deixou de amá-la. Artemisia escolheu tornar-se, ou tentar tornar-se, "uma mulher que renunciou a toda ternura, a toda pretensão de virtudes femininas" — em uma mulher, virtude significa autoabnegação — "a fim de dedicar-se unicamente à pintura". *Artemisia* é uma reflexão trágica sobre a condição de ser mulher e de desafiar as normas do seu próprio sexo — em oposição à fábula cômica, triunfalista, meiga, que é *Orlando*. Como um relato de atribulações exemplares que decorrem de ser independente, artista e mulher, o romance de Banti é também exemplar em seu desespero e em sua contestação: o mérito da escolha de Artemisia nunca é posto em dúvida.

Lido apenas como um romance feminista, o que *Artemisia* é, sem dúvida alguma, ele confirma aquilo que sabemos (ou pensamos saber; ou queremos que os outros saibam). Mas seu poder enquanto literatura é também o de um encontro com o que não sabemos ou não entendemos plenamente. O sentimento de estranheza é um efeito particular daquele ramo de literatura subjugado pelo rótulo de "ficção histórica". Escrever bem sobre o passado é escrever algo como ficção fantástica. É a estranheza do passado, representada com uma concretude incisiva, que cria o efeito do realismo.

Tal como *Orlando*, as categorias convencionais — romance histórico, romance biográfico, biografia ficcionalizada — não fazem jus ao romance *Artemisia*. Entre seus muitos prazeres, ele oferece uma reflexão voluntariosa, comovente, sobre as pretensões da literatura imaginativa, ao mesmo tempo que celebra a plenitude da imaginação que se realiza por meio da pintura. Boa parte da força do romance deriva da abalizada apreciação de Banti de como a mão, o olho e a mente pintam.

Agnese, a protagonista autobiográfica de *Um grito lancinante*, chama um romance que ela havia escrito sobre Artemisia Gentileschi de "o livro que ela mais amava". Será que, mentalmente, ela o excluía do seu desejo de destruir todos os livros de ficção que tinha publicado? Ela não gostava de ser vista como "uma mulher escritora" e ficava enfurecida com mulheres de mau gosto, conhecidas suas, que "diziam ter lido pelo menos um de seus livros (sempre o mesmo)". (Sem dúvida, trata-se de *Artemisia*.) Ela se retrai ante "a acusação de feminismo" e admite, à medida que recorda as histórias que escolheu contar, que isso talvez fosse "justificável". Depois de se colocar por tanto tempo fielmente a serviço da "interpretação hipotética da história", ela aspira por um recomeço de tudo. Ela deseja — mas em seguida não deseja mais — ser capaz de escrever "o romance moderno": um romance "recheado com um presente já obsoleto".

Histórias ocorridas no passado são muitas vezes tidas como antiquadas, na forma e no interesse. O simples fato de estar interessada no passado é visto como uma evasão ou como uma fuga do presente. Mas nada há de retrógrado em *Artemisia*, que é uma exploração intrincada, audaciosa, do que significa construir uma história com base em pessoas reais — como as histórias da maior parte dos romances, não só daqueles chamados de romances históricos ou biográficos. De fato, sob o disfarce de romances históricos ou biográficos — versões ficcionais da vida real de alguém —, estão não poucas das obras de ficção originais escritas no século XX. Na plenitude plangente e na misteriosa precisão sensual da sua recriação de um mundo passado, e em seu retrato da evolução de uma consciência heróica, *Artemisia* se equipara à obra-prima de Penelope Fitzgerald, *A flor azul* — relato da vida do poeta Novalis. Seu vínculo obsessivo com o seu protagonista, suas vozes dialógicas ou interrogativas, a narrativa dupla (que tem lugar no passado e no presente), e o livre entrecruzamento da narração em primeira e em terceira pessoas conferem a ele um traço de parentesco com *Verão em Baden-Baden*, de Leonid Tsípkin — um relato da vida de Dostoiévski. Tais livros — a exemplo de *Memórias de Adriano*, eles se concentram em árduas viagens físicas, que são também viagens de uma alma ferida — seriam banalizados se os chamássemos de romances históricos. E, se é que a expressão tem algum uso, é preciso pelo menos fazer uma distinção entre romances que adotam uma voz absoluta, onisciente, ao recontar o passado e os romances com uma voz dialógica, que situam uma história no passado a fim de ressaltar sua relação com o presente — um projeto moderno por excelência.

Anna Banti não queria perder o seu manuscrito na batalha de Florença, no início de agosto de 1944. Nenhum escritor daria as boas-vindas a tal destino. Mas não pode haver dúvidas de que aquilo que faz de *Artemisia* um grande livro — e tão singular na obra de Banti — é esse destino duplo, de um livro perdido e recriado. Um livro que, por ser póstumo, reescrito, ressurrecto, teve um ganho incalculável em alcance emocional e em força moral. Uma metáfora para a literatura, talvez. E uma metáfora para a leitura, e também para a leitura militante — que, no que tem de mais valioso, é releitura.

Questão em aberto
O caso de Victor Serge

"Afinal, existe uma coisa chamada verdade."
O caso do camarada Tulaiev

Como explicar a obscuridade de um dos heróis éticos e literários mais fascinantes do século xx, Victor Serge? Como encarar o descaso a respeito de *O caso do camarada Tulaiev*, um romance maravilhoso que não pára de ser redescoberto e reesquecido desde sua publicação, um anos após a morte de Serge, em 1947? Será porque nenhum país pode reclamá-lo plenamente? "Um exilado político desde o meu nascimento" — assim Serge (nome verdadeiro: Víktor Lvóvitch Kíbaltchitch) se definia. Seus pais eram oponentes da tirania tsarista que haviam fugido da Rússia no início da década de 1880, e Serge nasceu em 1890, "em Bruxelas, por acaso, no meio de uma viagem através do mundo", conta ele em *Memórias de um revolucionário*, escrito em 1942 e 1943, na Cidade do México, onde, em penúria, como um refugiado da Europa de Hitler e dos assassinos a soldo de Stálin, passou seus últimos anos. Antes do México, Serge residiu, escreveu, conspirou e fez propaganda em seis países: Bélgica, na primeira juventude e de novo em 1936; França, repetidas vezes; Espanha, em 1917 — foi então que adotou o pseudônimo de Serge; Rússia, pátria que viu pela primeira vez no início de 1919, aos 28 anos, quando chegou a fim de unir-se à Revolução Bolchevique; e Alemanha e Áustria, em meados da década de 1920, a serviço do Comintern. Em todos esses países, sua permanência era provisória, cheia de dificuldades e lutas, ameaças. Várias dessas estadas terminaram com Serge expulso, banido, obrigado a mudar-se.

Será porque ele não era — o modelo habitual — um escritor engajado de forma intermitente em militâncias e lutas políticas, como Silone, Camus, Koestler e Orwell, mas sim um ativista e um agitador incessante? Na Bélgica, militou no movimento dos Jovens Socialistas, um ramo da Segunda Internacional. Na França, tornou-se anarquista (do tipo chamado individualista) e foi condenado a cinco anos de prisão, por causa dos artigos do semanário anarquista que co-editava e que expressavam uma moderada solidariedade pela famigerada gangue de Bonnot, depois da prisão do bandido (nunca houve suspeita de alguma cumplicidade de Serge), e por sua recusa a tornar-se um informante, depois da prisão. Em Barcelona, após ser solto da prisão, rapidamente Serge se desencantou com os anarcossindicalistas da Espanha, por sua relutância em tentar tomar o poder. De volta à França no fim de 1917, Serge foi encarcerado durante quinze meses, dessa vez (palavras da ordem de prisão) como "um elemento indesejável, um derrotista, simpatizante dos bolcheviques". Na Rússia, uniu-se ao Partido Comunista, lutou no sítio de Petrogrado durante a guerra civil, foi incumbido de examinar os arquivos da polícia secreta tsarista (e escreveu um tratado sobre a opressão do Estado), chefiou a equipe administrativa do comitê executivo da Terceira Internacional (Comunista), participou dos seus três primeiros congressos e, amargurado com a crescente barbárie do governo na recém-consolidada União das Repúblicas Socialistas Soviéticas, conseguiu ser enviado ao exterior pelo Comintern, em 1922, como propagandista e organizador. (Nessa época, havia numerosos membros estrangeiros a serviço do Comintern, que era, de fato, o Departamento de Assuntos do Exterior, ou da Revolução Mundial, do Partido Comunista Russo.) Depois do fracasso da revolução em Berlim e do período que em seguida passou em Viena, Serge voltou para a União Soviética em 1926, agora governada por Stálin, e uniu-se oficialmente à Oposição de Esquerda, a coalizão de Trótski, à qual se aliara desde 1923: Serge foi expulso do partido no fim de 1927 e preso pouco depois. No cômputo geral, Serge amargou mais de dez anos na prisão em virtude de suas ações revolucionárias em série. Como se vê, escritores que exercem, em tempo integral, uma outra profissão mais árdua enfrentam certas dificuldades.

Será porque — apesar de todas essas dispersões — ele escreveu tanto? A hiperprodutividade não é bem-vista, como foi em outros tempos, e Serge foi extraordinariamente produtivo. Seus escritos publicados — quase todos já fora de catálogo — compreendem sete romances, dois volumes de poemas, uma coletânea de contos, um diário do fim da vida, suas memórias, cerca de trinta livros e folhetos históricos e políticos, três biografias políticas e centenas de artigos e ensaios. E há mais: um relato do movimento anarquista na França anterior à Primeira Guerra Mundial, um romance sobre a Revolução Russa, um livro curto de poemas e uma crônica histórica do ano dois da revolução, todos confiscados, quando Serge, por fim, obteve permissão para deixar a União Soviética em 1936, em conseqüência de ter requerido à Glavlit, a censura literária, uma autorização de saída para os seus manuscritos — eles nunca foram recuperados —, bem como um vasto material arquivado em segurança, mas ainda inédito. No fim das contas, ser prolífico provavelmente pesou contra ele.

Será porque a maior parte do que escreveu não pertence à literatura? Serge começou a escrever ficção — seu primeiro romance, *Homens presos* — quando tinha 39 anos. Às suas costas estavam mais de vinte anos repletos de obras de abalizado teor histórico e de análise política, e uma profusão de artigos brilhantes de jornalismo cultural e político. Serge é comumente lembrado, se tanto, como um valoroso dissidente comunista, um oponente arguto e assíduo da contra-revolução de Stálin. (Serge foi o primeiro a chamar a União Soviética de um Estado "totalitário", numa carta que escreveu para amigos em Paris, na véspera de sua prisão em Leningrado, em fevereiro de 1933.) Nenhum romancista do século XX viveu nada de parecido, em primeira mão, com as suas experiências de insurreição, de contato íntimo com os líderes de uma época, de diálogo com intelectuais que ditavam os fundamentos da política. Ele conheceu Lênin — a esposa de Serge, Liubov Russákova, foi estenógrafa de Lênin em 1921; Serge traduziu *Estado e Revolução* para o francês e escreveu uma biografia de Lênin pouco depois da sua morte, em janeiro de 1924. Era um homem próximo a Trótski, embora os dois não tenham se encontrado mais depois do banimento de Trótski, em 1929; Serge traduziu *A Revolução traída* e outras obras tardias de Trótski e, no México, onde Trótski o precedera na condição de refugiado político, colaborou com a viúva na redação de uma biografia. Antonio Gramsci e Georg Lukács estavam entre os interlocutores de Victor Serge, que debatera com eles, quando todos moravam em Viena, em 1924 e 1925, acerca da guinada despótica que a Revolução sofrera, quase imediatamente, sob Lênin. Em *O caso do camarada Tulaiev*, cujo tema épico é o assassinato promovido pelo Estado stalinista de milhões de pessoas leais ao Partido, bem como da maioria dos dissidentes, na década de 1930,

Serge escreve sobre um destino do qual ele mesmo escapou, por pouco e contra todas as probabilidades. Os romances de Serge foram apreciados sobretudo como um testemunho; polêmica; jornalismo inspirado; história ficcionalizada. É fácil subestimar a realização literária de um escritor cujo grosso da obra não é literário.

Será porque nenhuma literatura nacional pode reclamá-lo integralmente? Cosmopolita por vocação, era fluente em cinco idiomas: francês, russo, alemão, espanhol e inglês. (Passou parte da infância na Inglaterra.) Em sua ficção, tem de ser considerado um escritor russo, tendo em mente a extraordinária continuidade de vozes russas na literatura — cujos antecessores são Dostoiévski, o Dostoiévski de *A casa dos mortos* e *Os demônios*, e Tchekhov, e cujas influências contemporâneas foram os grandes escritores da década de 1920, em especial Boris Pilniak, o Pilniak de *O ano nu*, Ievguéni Zamiátin e Isaac Babel. Mas o francês permaneceu como a sua língua literária. A copiosa produção de Serge como tradutor partiu do russo para o francês: obras de Lênin, Trótski, Grigóri Zinóviev, o fundador do Comintern, a revolucionária pré-bolchevique Vera Figner (1852-1942), cujas memórias contam os seus vinte anos de confinamento numa solitária em uma prisão tsarista, e, entre romancistas e poetas, Andrei Biéli, Fiódor Gladkov e Vladímir Maiakóvski. Os seus próprios livros foram todos escritos em francês. Um escritor russo que escreve em francês — isso significa que Serge continua ausente, mesmo como uma nota de rodapé, da história da literatura moderna russa e francesa.

Será porque a sua estatura como escritor literário, qualquer que fosse tal estatura, foi sempre politizada, ou seja, vista como um feito moral? Ele foi a voz literária de uma militância política honrada, um prisma limitador para se apreciar o corpo de uma obra que tem outros apelos, não didáticos, para a nossa atenção.

Durante o fim da década de 1920 e a década de 1930, Serge foi um escritor muito publicado, pelo menos na França, com um público entusiasta, embora reduzido — um público político, é claro, sobretudo de tendência trotskista. Mas nos últimos anos, depois que Serge foi excomungado por Trótski, esse público abandonou-o às previsíveis calúnias da imprensa do Front Popular, prósoviético. E as posições socialistas que Serge adotou depois de chegar ao México, em 1941, um ano depois que Trótski foi assassinado com golpes de machado pelo carrasco enviado por Stálin, pareceram aos defensores que lhe restaram indistinguíveis das posições dos socialdemocratas. Mais isolado que nunca, boicotado pela direita e pela esquerda do pós-guerra na Europa Ocidental, o ex-bolchevique, ex-trotskista, anticomunista Victor Serge continuou a escrever — sobretudo para a gaveta. Publicou, de fato, um livro curto, *Hitler versus Stálin*, colaborou com um camarada espanhol no exílio na edição uma revista política (*Mundo*), e contribuiu regularmente para algumas revistas em outros países, mas — apesar dos esforços de admiradores influentes, como Dwight Macdonald em Nova York e George Orwell em Londres, para encontrar um editor — dois dos três últimos romances de Serge, os últimos contos e poemas e as memórias continuaram inéditos em qualquer idioma até, na maioria dos casos, décadas depois da sua morte.

Será porque houve dualidades demais na sua vida? Ele foi até o fim um militante, alguém que queria transformar o mundo, o que fez dele um anátema para a direita (ainda que, como ele mesmo anotou em seu diário, em fevereiro de 1944, "Os problemas não têm mais a bela simplicidade que tinham outrora: era cômodo viver em antinomias como socialismo e capitalismo"). Mas ele era um anticomunista instruído o bastante para recear que os governos americano e inglês não tivessem entendido que o objetivo de Stálin depois de 1945 era dominar a Europa inteira (ao preço da Terceira Guerra Mundial), e isso, na época em que o preconceito anticomunista e também o pró-soviético entre os intelectuais da Europa Ocidental estavam mais largamente difundidos, fez de Serge um renegado, um reacionário, um atiçador de guerras. "Ter os inimigos certos", diz o velho lema: Serge tinha inimigos demais. Como um ex-, e agora um anti-, comunista, ele nunca se mostrou penitente o bastante. Ele deplora, mas não se arrepende. Não abriu mão da idéia de uma mudança social radical em razão do desfecho totalitário da Revolução Russa. Para Serge — nesse ponto ele concorda com Trótski —, a revolução foi traída. Ele não diz que a Revolução foi uma ilusão trágica, uma catástrofe para o povo russo, desde o início. (Mas teria Serge dito isso, caso vivesse por mais uma década ou além disso? É provável.) Por fim, ele foi um intelectual praticante por toda a vida, o que parecia deixar na sombra suas realizações como romancista, e ele foi um ativista político apaixonado, o que também não realça as suas credenciais como romancista.

Será porque ele continuou até o fim a identificar-se como um revolucionário, vocação hoje tão desacreditada no mundo próspero? Será porque insistiu, contra todas as probabilidades, em ser esperançoso — ainda? "Atrás de nós", escreveu ele em 1943, em *Memórias de um revolucionário*, "jaz uma revolução vitoriosa que se extraviou, diversas tentativas abortadas de revolução, e massacres em número tão grande que chegam a dar certa vertigem." Mesmo assim, Serge declarou que "aquelas eram as únicas estradas possíveis para nós". E insistiu: "mais do que nunca, tenho confiança na humanidade e no futuro". Seguramente, isso não podia ser verdade.

Será porque, combativo e derrotado, como foi, sua obra literária recusou-se a assumir a esperada carga de melancolia? Seu caráter indômito não é, para nós, tão atraente quanto seriam estimativas mais angustiadas. Na sua ficção, Serge escreve sobre os mundos em que viveu, não sobre si mesmo. É uma voz que se proíbe os requeridos tons de desespero ou contrição ou assombro — tons literários, como a maioria das pessoas os entende —, embora a própria situação de Serge fosse cada vez mais sombria. Em 1947, ele tentava desesperadamente sair do México, onde, segundo as condições do seu visto, lhe eram vedadas todas as atividades políticas, e voltar para a França, uma vez que um visto americano era algo fora de questão, por ter sido membro do Partido Comunista na década de 1920. Ao mesmo tempo, incapaz de se tornar desinteressado, desestimulado, onde quer que estivesse, ficou fascinado com o que observou das culturas indígenas e das paisagens, em várias viagens pelo país, e começou a escrever um livro sobre o México. O fim foi infeliz. Vestido miseravelmente, mal alimentado, atacado por uma angina cada vez mais forte — agravada pela elevada altitude da Cidade do México —, Serge teve um ataque do coração, certa noite, já bem tarde, quando estava fora de casa, pegou um táxi e morreu no banco de trás. O motorista deixou-o numa delegacia de polícia; isso aconteceu dois dias antes de sua família saber o que havia ocorrido com ele e poder reclamar o corpo.

Em suma, não houve absolutamente nada de triunfante em sua vida, que foi apenas a do eterno estudante pobre e do militante em fuga permanente — a menos que excetuemos o triunfo de ser imensamente talentoso e produtivo como escritor; o triunfo de ter princípios e de ser também sagaz e, portanto, incapaz de se deixar levar pelos fiéis e pelos covardemente crédulos e meramente esperançosos; o triunfo de ser incorruptível e também corajoso, e, portanto, seguir por uma via solitária, diferente da dos mentirosos, bajuladores e carreiristas; o triunfo de estar certo, depois do início da década de 1920.

Por estar certo é que foi punido como escritor de ficção. A verdade da história não deixa espaço para a verdade da ficção — como se fôssemos obrigados a escolher entre elas...

* * *

Será porque sua vida foi impregnada pelo drama histórico a tal ponto que obscureceu sua obra? De fato, alguns de seus defensores fervorosos afirmaram que a maior obra literária de Serge foi a sua própria vida, tumultuosa, cheia de perigos, eticamente inflexível. Algo semelhante se disse acerca de Oscar Wilde, que não conseguiu, ele mesmo, resistir ao gracejo masoquista: "Ponho todo o meu gênio na minha vida; ponho todo o meu talento na minha obra". Wilde estava enganado, bem como se engana aquele equivocado elogio a Serge. Assim como acontece com a maioria dos escritores, os livros de Serge são melhores, mais argutos, mais importantes do que a pessoa que os escreveu. Pensar de outra forma é fazer pouco de Serge e das próprias questões — Como se deve viver? Como dar sentido à minha vida? Como pode a vida ser melhor para os que são oprimidos? — que ele honrava com a sua lucidez, a sua retidão, o seu valor, as suas derrotas. Embora seja verdade que a literatura, sobretudo a literatura russa do século XIX, seja a sede de tais questões, seria cínico — ou apenas vulgar — considerar como literária uma vida vivida à luz dessas questões. Isso seria denegrir tanto a moral quanto a literatura. E a história também.

Os leitores de Serge em língua inglesa, hoje, têm de se transportar mentalmente para um tempo em que a maioria das pessoas aceitava que o curso da vida delas seria determinado mais pela história do que pela psicologia, mais pelas crises públicas do que pelas particulares. Foi a história, um momento histórico particular, que levou os pais de Serge para fora da Rússia tsarista: a onda de repressão e o Estado de terror que se seguiram ao assassinato do tsar Alexandre II, cometido pelo *Naródnaia Vólia* (Vontade do Povo), braço terrorista do movimento populista, em 1881. O pai de Serge, cientista, Leon Kibaltchitch, na época um oficial da Guarda Imperial, pertencia a um grupo de militares simpáticos à causa *naródnik* (populista) e por pouco escapou de ser fuzilado, quando o grupo foi descoberto. No seu primeiro refúgio, Genebra, conheceu uma estudante radical de São Petersburgo, descendente da nobreza polonesa, os dois casaram-se e passaram o resto da década em trânsito, "em busca do pão de cada dia e de boas bibliotecas [...] entre Londres (o Museu Britânico), Paris, Suíça e Bélgica", nas palavras do seu filho, da segunda geração de exilados políticos.

A revolução estava no cerne da cultura socialista do exílio, em que Serge nasceu: a esperança mais essencial, a força mais essencial. "As conversas dos adultos tratavam de julgamentos, execuções, fugas e estradas na Sibéria, sempre se debatiam as grandes idéias e os mais recentes livros sobre essas idéias." A revolução era o drama trágico moderno. "Nas paredes de nossas residências humildes e improvisadas havia sempre o retrato de homens que tinham sido enforcados." (Um dos retratos, sem dúvida, era de Nikolai Kibaltchitch, parente afastado do seu pai, que foi um dos conspiradores condenados pelo assassinato do tsar Alexandre II.)

Revolução acarretava perigo, o risco de morte, a probabilidade de prisão. Revolução acarretava penúria, privações, fome. "Acho que se alguém me perguntasse, aos doze anos de idade, 'O que é a vida?' (e eu mesmo me fazia essa pergunta muitas vezes), eu teria respondido: 'Não sei, mas posso ver que a vida significa *Você vai ter de pensar, você vai ter de lutar, você vai ter de passar fome*.'"

E assim foi. Ler as memórias de Victor Serge é ser levado de volta para uma época que hoje parece muito remota, em suas energias introspectivas, em suas buscas intelectuais apaixonadas, em seu código de auto-sacrifício e em sua esperança imensa: uma era em que meninos de doze anos, filhos de pais cultos, podiam perguntar-se normalmente: "O que é a vida?". A mente de Serge não era precoce para a época. Foi essa a cultura doméstica de várias gerações de idealistas, leitores vorazes, muitos deles oriundos dos países eslavos — os filhos da literatura russa, por assim dizer. Crentes ferrenhos na ciência e no aprimoramento humano, coube a eles fornecer o contingente para muitos movimentos radicais da primeira terça parte do século xx; e seriam usados, desiludidos, traídos e, caso morassem na União Soviética, condenados à morte. Nas suas memórias, Serge conta que seu amigo Pilniak disse-lhe em 1933: "Não existe um único adulto pensante neste país que alguma vez não tenha achado que podia ser fuzilado".

A partir do fim da década de 1920, o abismo entre a realidade e a propaganda ampliou-se drasticamente. Foi o clima mental dominante que levou o corajoso escritor de origem romena Panait Istrati (1884-1935) a pensar em não publicar o seu relato fidedigno de uma estada de dezesseis meses na União Soviética, em 1927-8, *Vers une autre flamme* (Rumo a outra chama), a pedido do seu poderoso padrinho literário, Romain Rolland, texto que, quando Istrati de fato o publicou, foi criticado por todos os seus antigos amigos e simpatizantes no mundo literário; e que levou André Malraux, em sua condição de editor da Gallimard, a recusar uma biografia desfavorável de Stálin escrita pelo russo Boris Souvarine (1895-1984; nome verdadeiro: Boris Liftchitz), como inimiga da causa da República Espanhola. (Istrati e Souvarine, amigos íntimos de Serge, formavam com ele uma espécie de triunvirato de escritores francófonos de origem estrangeira que, a partir do fim da década de 1920, assumiram o papel ingrato de denunciar do ponto de vista da esquerda — portanto, prematuramente — o que estava acontecendo na União Soviética.) Para muitos que viviam no mundo capitalista assolado pela depressão econômica, parecia impossível *não* simpatizar com a luta daquele vasto país atrasado para sobreviver e criar, conforme os seus propósitos declarados, uma sociedade nova baseada na justiça econômica e social. André Gide estava sendo apenas um pouco enfático quando escreveu no seu diário, em abril de 1932, que estava disposto a morrer pela União Soviética:

> Na desolação abominável do mundo atual, o novo plano da Rússia me parece agora a salvação. Não há nada que não me convença disso! Os pobres argumentos de seus inimigos, longe de me persuadirem, fazem meu sangue ferver. E se minha vida fosse necessária para garantir o sucesso da URSS, eu a daria na mesma hora... como fizeram, como farão, muitos outros, e sem me distinguir deles.

Quanto ao que estava de fato acontecendo na União Soviética em 1932 — assim Serge começava "O hospital em Leningrado", conto que escreveu na Cidade do México, em 1946, e que já prevê as narrativas de Soljenítsin:

> Em 1932, eu morava em Leningrado [...]. Eram tempos sombrios, de escassez de alimentos nas cidades e fome nas aldeias, de terror, assassinatos em segredo, perseguições de gerentes industriais e engenheiros, camponeses, religiosos e dos que se opunham ao regime. Eu pertencia à última categoria, o que significava que à noite, mesmo nas profundezas do sono, eu nunca cessava de tentar ouvir barulhos na escada, os passos que subiam os degraus e anunciariam a minha prisão.

Em outubro de 1932, Serge escreveu ao Comitê Central do Partido pedindo permissão para emigrar; a permissão foi negada. Em março de 1933, Serge foi preso de novo e, após um período na Lubianka, foi mandado para o exílio interno em Orenburg, uma cidade desolada na fronteira entre a Rússia e o Cazaquistão. Os apuros de Serge foram objeto de protestos imediatos em Paris. No Congresso Internacional de Escritores em Defesa da Cultura, uma assembléia de astros, em junho de 1935, presidida por Gide e Malraux, que constitui o auge dos esforços do Comintern destinados a mobilizar escritores de espírito progressista, não filiados ao Partido, em defesa da União Soviética — isso exatamente no momento em que estava em curso o programa de Stálin de enquadrar e executar todos os membros sobreviventes da Velha-Guarda Bolchevique —, "o caso de Victor Serge" foi levantado por alguns delegados. No ano seguinte, Gide, que estava prestes a partir com uma comitiva numa viagem triunfal pela União Soviética, à qual fora dada grande importância propagandística, procurou o embaixador soviético em Paris para pedir a libertação de Serge. Rolland, numa visita oficial à Rússia, levou a questão ao próprio Stálin.

Em abril de 1936, Serge (com o filho adolescente) foi levado de Orenburg para Moscou, privado de sua cidadania soviética, unido de novo à esposa mentalmente enferma e à filha ainda bebê, e embarcado num trem rumo a Varsóvia — o único caso, durante a era do Grande Terror, em que um escritor foi libertado (ou seja, expulso da União Soviética) em conseqüência de uma campanha de apoio oriunda do exterior. Sem dúvida, o fato de aquele russo nascido na Bélgica ser considerado um estrangeiro ajudou bastante.

Depois que chegou a Bruxelas, no fim de abril, Serge publicou uma "Carta aberta" a Gide na revista francesa *Esprit*, agradecendo-lhe um recente apelo, dirigido às autoridades soviéticas, na tentativa de recuperar seus manuscritos confiscados e lembrar algumas realidades soviéticas de que Gide talvez não fosse informado durante a sua viagem, como a prisão e o assassinato de muitos escritores e a completa supressão da liberdade intelectual. (Serge já tentara fazer contato com Gide no início de 1934, enviando-lhe uma carta de Orenburg sobre as suas concepções comuns acerca da liberdade e da literatura.) Os dois escritores conseguiram encontrar-se em segredo diversas vezes, depois do regresso de Gide, em Paris, em novembro de 1936, e em Bruxelas, em janeiro de 1937. O relato de Serge em seu diário sobre esses encontros oferece um contraste agudo: Gide, o homem ilustre, com acesso a informações sigilosas, o mestre em cujos ombros havia sido colocado o manto do Grande Escritor, e Serge, o cavaleiro das causas perdidas, itinerante, empobrecido, sempre em perigo. (Claro, Gide estava desconfiado de Serge — temia ser influenciado, ser iludido.)

O escritor francês do período com quem Serge se assemelha de fato — na intransigência de sua retidão, no seu incessante impulso de estudar, na sua renúncia ao conforto, aos bens pessoais, à segurança, por uma questão de princípio — é a sua contemporânea mais jovem e companheira de militância política, Simone Weil. É mais do que provável que os dois tenham se encontrado em Paris em 1936, pouco depois da libertação de Serge, ou em 1937. Desde junho de 1934, logo após a prisão de Serge, Weil esteve entre aqueles que se empenharam em manter vivo "o caso de Victor Serge" e em apresentar protestos diretos às autoridades soviéticas. Eles tinham um amigo comum, Souvarine; ambos escreviam regularmente para a revista sindicalista *La Révolution Prolétarienne*. Weil era bem conhecida de Trótski — aos 25 anos de idade, Weil travou um debate cara a cara com Trótski durante a sua breve visita a Paris, em dezembro de 1934, quando Weil ofereceu a Trótski o apartamento dos seus pais para realizar ali uma reunião política clandestina — e escreveu uma carta para Serge em julho de 1936, em resposta à sugestão de que ela colaborasse numa revista que ele pretendia criar. E durante os dois meses, no fim do verão de 1936, em que Weil foi voluntária numa milícia internacional que combatia em favor da República Espanhola, o seu principal contato político, com quem esteve ao chegar a Barcelona, foi o dissidente comunista Julian Gorkin, outro amigo próximo de Serge.

Os camaradas trotskistas foram os militantes mais ativos na defesa da libertação de Serge e, em Bruxelas, ele deu seu apoio à Quarta Internacional — como se denominava a liga dos partidários de Trótski —, embora soubesse que o movimento não representava uma alternativa viável às doutrinas e práticas leninistas que levaram à tirania stalinista. (Para Trótski, o crime era que estavam fuzilando as pessoas *erradas.*) Sua partida para Paris em 1937 foi seguida pela desavença aberta com Trótski, o qual, de seu novo exílio no México, acusou Serge de anarquista de gabinete; por respeito e afeição, Serge não quis responder ao ataque de Trótski. Sem se perturbar com a calúnia de ser visto como viracasaca, traidor da esquerda, Serge publicou mais ensaios e dossiês na contracorrente da opinião geral, sobre o destino da revolução, desde Lênin até Stálin, e outro romance, *Meia-noite no século* (1939), situado sete anos antes, em sua maior parte numa cidade semelhante a Orenburg, para onde foram deportados membros da Oposição de Esquerda. É o primeiro retrato do Gulag num romance — propriamente falando, GULAG é a sigla do vasto império carcerário cujo nome oficial em russo se traduz como Administração Geral dos Campos. *Meia-noite no século* é dedicado aos mais honrados camaradas dos partidos radicais na República Espanhola, os comunistas dissidentes — ou seja, anti-stalinistas — do Partido Obrero de Unificación Marxista (POUM); o seu líder Andrés Nin, executado por agentes soviéticos em 1937, era um amigo querido de Serge.

Em junho de 1940, depois da ocupação alemã de Paris, Serge fugiu para o sul da França, conseguindo chegar ao refúgio criado pelo heróico Varian Fry, que, em nome de um grupo privado americano chamado Comitê de Resgate de Emergência, ajudou cerca de 2 mil professores, escritores, artistas, músicos e cientistas a encontrar uma rota de fuga da Europa de Hitler. Lá, na casa de campo nos arredores de Marselha que seus internos — entre eles, André Breton, Max Ernst e André Masson — chamavam jocosamente de Espervisa, Serge continuou a trabalhar num novo romance, mais ambicioso, sobre o reinado do assassinato em nome do Estado na Rússia soviética, que ele havia começado a escrever em Paris, no início de 1940. Quando finalmente um visto mexicano chegou para Serge (Breton e os demais foram todos admitidos nos Estados Unidos), ele partiu, em março de 1941, numa longa e precária viagem por mar. Retido para interrogatório, e depois aprisionado por funcionários do governo de Vichy quando o navio de carga parou na Martinica, retido de novo por falta de vistos de trânsito na República Dominicana, onde durante a estada compulsória escreveu um ensaio político destinado ao público mexicano (*Hitler versus Stálin*), e retido outra vez em Havana, onde, preso novamente, ele continuou a escrever o seu romance, Serge só conseguiu chegar ao México em setembro. Terminou *O caso do camarada Tulaiev* no ano seguinte.

No início do século xxi, nada mais perdura da aura controversa do romance. Nenhuma pessoa sã pode contestar a carga de sofrimentos que o sistema bolchevique infligiu ao povo russo. Na época, o consenso estava em outra parte e gerou o escândalo do relato desfavorável feito por Gide de sua viagem à União Soviética, *Regresso da URSS* (1937): Gide continuou a ser, mesmo após sua morte, em 1951, o grande escritor de esquerda que havia traído a Espanha. A atitude se reproduziu na famosa recusa de Sartre a mencionar o tema do Gulag, sob o argumento de que isso desencorajaria a justa militância da classe trabalhadora francesa. ("*Il ne faut pas faire désespérer Billancourt.*") Para a maioria dos escritores identificados com a esquerda naquelas décadas, ou que simplesmente se viam como contrários à guerra (e estavam apavorados com a perspectiva de uma Terceira Guerra Mundial), condenar a União Soviética era, no mínimo, problemático.

Como que para confirmar a angústia da esquerda, os que não tinham problemas em denunciar a União Soviética pareciam ser exatamente aqueles que não tinham também nenhum escrúpulo em ser racistas, anti-semitas ou desprezar os pobres; antiliberais, que jamais deram ouvidos ao canto de sereia do idealismo ou jamais manifestaram nenhuma solidariedade ativa com os excluídos e perseguidos. O vice-presidente de uma grande empresa de seguros americana, que foi também o maior poeta americano do século XX, podia dar boas-vindas ao testemunho de Serge. Assim, a seção XIV do longo e autoritário poema de Wallace Stevens "Esthétique du mal", escrito em 1945, começa com:

> Victor Serge disse: "Eu acompanhei sua argumentação
> Com o desconforto impassível que sentimos
> Diante de um lunático lógico".
> Disse isso a respeito de Konstantinov. A revolução
> É uma questão de lunáticos lógicos.
> A política da emoção deve aparentar
> Uma estrutura intelectual.

O fato de ser estranho encontrar Serge citado num poema de Stevens já denota a que ponto Serge foi esquecido, pois ele era uma presença considerável em algumas das revistas mais influentes e sérias da década de 1940. Stevens na certa era leitor da *Partisan Review*, se não da revista radical e dissidente de Dwight Macdonald, *Politics*, que publicava Serge (e Simone Weil também); Macdonald e a esposa, Nancy, foram uma tábua de salvação para Serge, financeiramente e de outras formas, durante os meses aflitivos que passou em Marselha e durante a sua viagem coalhada de percalços, e continuaram a lhe prestar ajuda constante depois que Serge e a família se instalaram no México. Patrocinado por

Macdonald, Serge começou a escrever na *Partisan Review* em 1938 e continuou a mandar artigos da sua derradeira e insólita residência. Em 1942, tornou-se correspondente de um periódico quinzenal anticomunista de Nova York chamado *The New Leader* (Macdonald criticou-o severamente por isso) e mais tarde passou a contribuir — recomendado por Orwell — nos periódicos *Polemic e Horizon*, de Cyril Connolly, em Londres.

Revistas minoritárias; opiniões minoritárias. Selecionados primeiro na *Partisan Review*, os magistrais retratos feitos por Czeslaw Milosz da mutilação da honra do escritor, da consciência do escritor, sob o comunismo, *A mente cativa* (1953), foram subestimados por boa parte do público literário americano como uma obra de propaganda da Guerra Fria, escrita por um emigrado polonês até então desconhecido. Suspeitas semelhantes permaneciam ainda na década de 1970: quando a crônica implacável e irrefutável de Robert Conquest sobre os matadouros estatais da década de 1930, *O Grande Terror*, veio a público em 1969, o livro podia ser visto, em muitos ambientes, como controverso — suas conclusões talvez prejudiciais, suas implicações francamente reacionárias.

Aquelas décadas em que se fez vista grossa para o que se passava nos regimes comunistas, sobretudo a convicção de que criticar a União Soviética era ajudar e confortar fascistas e instigadores da guerra, parecem quase incompreensíveis agora. No início do século XXI, passamos para outra ordem de ilusões — outras mentiras que pessoas inteligentes com boas intenções e orientações políticas humanas contam para si mesmas e para seus adeptos a fim de não ajudar nem confortar seus inimigos.

Sempre houve pessoas dispostas a afirmar que a verdade é às vezes inconveniente, contraproducente — um luxo. (Isso é chamado de pensar de modo prático ou político.) E por outro lado os bem-intencionados são compreensivelmente relutantes em alijar compromissos, opiniões e instituições em que muito idealismo foi investido. De fato, surgem situações em que a verdade e a justiça podem parecer incompatíveis. E pode haver ainda mais resistência em perceber a verdade do que em aceitar os reclamos de justiça. Para as pessoas, parece fácil demais *não* reconhecer a verdade, sobretudo quando isso pode significar ter de romper — ou ser alvo de rejeição — com uma comunidade que supre uma parte valiosa da identidade dessas pessoas.

É possível que o resultado seja diferente se soubermos da verdade por intermédio de alguém a quem estamos dispostos a dar ouvidos. Como o marquês de Custine, durante sua viagem de cinco meses pela Rússia, um século antes, foi capaz — de forma profética — de compreender como eram cruciais para aquela sociedade os excessos de despotismo, de submissão e de mentiras incansáveis para agradar aos estrangeiros, que ele descreveu em seu diário epistolar, *Rússia em 1839*? Certamente pesou bastante o fato de o amante de Custine ser polonês, o conde Ignacy Gurowski, que na certa estava ansioso para lhe contar os horrores da opressão tsarista. Por que Gide, entre todos os visitantes de esquerda na União Soviética na década de 1930, foi aquele que não se deixou seduzir pela retórica da igualdade comunista e do idealismo revolucionário? Talvez porque os relatos indiscretos do incontestável Victor Serge o tenham deixado de sobreaviso para detectar a desonestidade e o medo dos seus anfitriões.

Serge, modestamente, diz que apenas é preciso clareza e independência para dizer a verdade. Nas *Memórias de um revolucionário*, escreve:

> Eu me dou o crédito de ter enxergado com clareza em diversas situações importantes. A rigor, não é tão difícil conseguir isso, e no entanto é bastante incomum. Para a minha mente, é menos uma questão de inteligência elevada ou aguda do que de bom senso,

boa vontade e um tipo especial de coragem, para que alguém consiga elevar-se acima das pressões do seu ambiente e também da inclinação natural de fechar os olhos para os fatos, uma tentação que deriva de nossos interesses imediatos e do medo que os problemas nos inspiram. Um ensaísta francês disse: "O que é terrível quando procuramos a verdade é que a encontramos". Nós a encontramos e então não somos mais livres para seguir as tendências do nosso círculo pessoal, ou para aceitar os clichês da moda.

"O que é terrível quando procuramos a verdade..." Uma frase para ser pregada acima da escrivaninha de todo escritor.

A obtusidade degradante e as mentiras de Dreiser, Rolland, Henri Barbusse, Louis Aragon, Beatrice e Sidney Webb, Halldór Laxness, Egon Erwin Kisch, Walter Duranty, Leon Feuchtwanger e outros semelhantes estão quase todas esquecidas. Bem como aqueles que se opuseram a eles, que lutaram pela verdade. A verdade, depois de alcançada, é ingrata. Não conseguimos lembrar tudo. O que lembramos não é testemunho mas... literatura. A hipotética chance de salvar Serge do esquecimento que espera a maioria dos heróis da verdade repousa, enfim, na excelência da sua ficção, acima de tudo *O caso do camarada Tulaiev*. Mas ser um escritor literário visto apenas ou sobretudo como um escritor didático; ser um escritor sem país, sem um país em cujo cânone literário sua ficção pudesse afinal encontrar um lar — esses elementos do complexo destino de Serge continuam a obscurecer esse livro admirável, arrebatador.

Para Serge, ficção é verdade — a verdade da autotranscendência, a obrigação de dar voz àqueles que estão mudos ou foram silenciados. Ele desprezava romances sobre a vida privada, principalmente romances autobiográficos. "Existências individuais não têm nenhum interesse para mim — sobretudo a minha própria", observa em *Memórias*. Numa entrada do seu diário (março de 1944), Serge explica o alcance mais amplo da sua idéia de verdade ficcional:

> Talvez a fonte mais profunda seja o sentimento de que a maravilha da vida está passando, voando, escapando inexoravelmente, e também o desejo de contê-la em sua fuga. Foi esse sentimento desesperado que me levou, por volta dos dezesseis anos, a observar o instante precioso, que me fez descobrir que *existência* (humana, "divina") *é memória*. Mais tarde, com o enriquecimento da personalidade, nós descobrimos os seus limites, a pobreza e as algemas do eu, descobrimos que só temos uma vida, uma individualidade sempre circunscrita, mas que contém muitos destinos possíveis e [...] se mistura [...] com outras existências humanas, e com a terra, as criaturas, tudo. Assim, escrever se torna uma busca de polipersonalidade, um modo de viver diversos destinos, de entrar em outras pessoas, comunicar-se com elas [...] de escapar dos limites comuns do eu [...]. (Sem dúvida, há outros tipos de escritores, individualistas, que procuram apenas sua auto-afirmação e não conseguem ver o mundo senão através de si mesmos.)

O ponto-chave da ficção era contar uma história, evocar um mundo. Essa crença levou Serge, como escritor de ficção, a duas idéias de romance aparentemente incompatíveis.

Uma é o panorama histórico, em que romances particulares têm lugar como episódios de uma história abrangente. A história, para Serge, era heroísmo e injustiça na primeira metade do século XX europeu e poderia começar com um romance situado nos círculos anarquistas na França pouco antes de 1914 (assunto sobre o qual ele de fato redigiu um ensaio, confiscado pelo GPU). Entre os romances que Serge conseguiu terminar, a cronologia parte da Primeira até a Segunda Guerra Mundial — ou seja, de *Homens na prisão*, escrito em Leningrado no fim da década de 1920 e publicado em Paris em 1930, até *Les années sans pardon* (Os anos sem perdão), seu último romance, escrito no México em 1946 e só publicado em 1971, em Paris. (Ainda não foi traduzido para o inglês.) *O caso do camarada Tulaiev*, cujo tema é o Grande Terror dos anos 1930, situa-se no final do ciclo. Os personagens são recorrentes — traço clássico dos romances concebidos como uma seqüência, como os de Balzac —, embora não tanto como seria de esperar, e nenhum deles é um *alter ego*, um dublê do próprio Serge. O alto-comissário de Segurança Erchov, o promotor Fleischman, a detestável *apparatchik* Zvierieva e o virtuoso opositor de esquerda Ríjik de *O caso do camarada Tulaiev* figuraram, todos eles, em *Cidade conquistada* (1932), o terceiro romance de Serge, que se passa durante o sítio de Petrogrado e, provavelmente, no romance perdido *La tourmente* (A tormenta), seqüência de *Cidade conquistada*. (Ríjik é também um personagem importante, e Fleischman, um personagem secundário, em *Meia-noite no século*.)

Desse projeto, temos apenas fragmentos. Mas se Serge não se dedicou tenazmente a redigir uma crônica, a exemplo da série de romances de Soljenítsin sobre a era de Lênin, não foi simplesmente porque não teve o tempo necessário para completar a sua seqüência, mas sim porque uma outra idéia de romance estava em vigor, subvertendo um pouco a primeira idéia. Os romances históricos de Soljenítsin têm, todos eles, as mesmas características, do ponto de vista literário, e não ganham muito com isso. Os romances de Serge ilustram diversas concepções de como narrar e com que finalidade. O "eu" de *Homens na prisão* (1930) é um veículo para dar voz aos outros, muitos outros; é um romance de compaixão, de solidariedade. "Não quero escrever memórias", disse numa carta para Istrati, que redigiu o prefácio do primeiro romance de Serge. O segundo romance, *O nascimento da nossa força* (1931), usa uma mescla de vozes — o "eu" e o "nós" da primeira pessoa e uma terceira pessoa onisciente. A crônica em vários volumes, o romance em seqüência, não era o melhor ambiente para o desenvolvimento de Serge como escritor literário, mas permaneceu como uma espécie de posição inicial a partir da qual, sempre trabalhando em condições árduas e em apuros econômicos, ele foi capaz de gerar novas tarefas ficcionais.

As afinidades literárias de Serge, e muitas de suas amizades, eram com os grandes modernistas da década de 1920, como Pilniak, Zamiatin, Serguei Iessiénin, Maiakóvski, Pasternak, Daniil Kharms (seu cunhado) e Ossip Mandelstam — mais do que com realistas como Górki, seu parente por parte de mãe, e Aleksei Tolstói. Mas em 1928, quando Serge começou a escrever ficção, a miraculosa nova era literária estava quase terminada, morta pelos censores, e logo os próprios escritores, boa parte deles, iriam ser presos e mortos ou cometeriam suicídio. O romance em tela panorâmica, a narrativa com múltiplas vozes (outro exemplo: *Noli me tangere*, do revolucionário filipino do fim do século XIX José Rizal), poderia muito bem ser a forma preferida para um escritor dotado de uma pujante consciência política — a consciência política que certamente não era bem-vinda na União Soviética, onde, Serge sabia, não havia nenhuma chance de ele ser traduzido e publicado. Mas é também a forma de algumas obras duradouras do modernismo literário e engendrou diversos gêneros ficcionais novos. O terceiro romance de Serge, *Cidade conquistada*, é uma obra brilhante num desses gêneros, o romance que tem uma cidade como protagonista (assim como *Homens na prisão* tem por protagonista "essa máquina terrível, a prisão") — nitidamente influenciado por *Petersburgo*, de Biéli, e *Manhattan Transfer* (ele cita Dos Passos como uma influência), e talvez por *Ulisses*, livro que admirava muito.

"Tenho a firme convicção de estar abrindo uma nova estrada para o romance", diz Serge em *Memórias*. Uma direção em que Serge não estava abrindo um novo caminho era a sua visão das mulheres, reminiscente dos grandes filmes soviéticos sobre os ideais revolucionários, de Eisenstein até Aleksei Gherman. Nessa sociedade de desafios — e provação e sacrifício — inteiramente centrada nos homens, as mulheres quase não existem, pelo menos não de modo positivo, exceto por constituírem os objetos do amor ou o porto seguro de homens muito atarefados. Pois a revolução, como Serge a descreve, é em si mesma um empreendimento heróico, masculinista, revestido pelos valores da virilidade: coragem, audácia, resistência, decisão, independência, capacidade de ser brutal. Uma mulher atraente, uma pessoa afetuosa, meiga, resoluta, muitas vezes vítima, não pode ter essas características masculinas; portanto, não pode ser outra coisa senão uma parceira revolucionária subalterna. A única mulher forte em *O caso do camarada Tulaiev*, a promotora bolchevique Zvierieva (que logo verá chegar a sua vez de ser presa e morta), é repetidas vezes caracterizada por sua sexualidade pateticamente carente (numa cena, ela aparece se masturbando) e por sua repulsividade física. Todos os homens no romance, torpes ou não, têm necessidades carnais claras e uma autoconfiança sexual sem disfarces.

O caso do camarada Tulaiev relata uma série de histórias, de destinos, num mundo densamente povoado. Além do elenco de apoio de mulheres, há pelo menos oito personagens de destaque: dois símbolos de falta de afeição, Kóstia e Romachkin, modestos escriturários solteiros que dividem o mesmo quarto com uma divisória no meio, num apartamento comunal em Moscou — o romance começa com eles —, e os veteranos comunistas, legalistas, carreiristas e sinceros Ivan Kondratiev, Artiom Makeiev, Stefan Stern, Maksim Erchov, Kiril Rubliev, o velho Ríjik, que são, um a um, presos, interrogados e condenados à morte. (Só Kondratiev é poupado e enviado para um posto remoto na Sibéria, por um capricho arbitrariamente benévolo do "Chefe", como Stálin é chamado no romance.) Vidas inteiras são retratadas, cada uma delas poderia compor um romance. O relato da prisão de Makeiev, realizada engenhosamente enquanto ele esperava a ópera (no fim do capítulo 4), é em si mesmo um conto digno de Tchekhov. E o drama de Makeiev — seus antecedentes, a ascensão ao poder (é o governador de Kurgansk), a súbita prisão numa visita a Moscou, o encarceramento, o interrogatório, a confissão — é apenas umas das tramas elaboradas em *O caso do camarada Tulaiev*. Nenhum interrogador é personagem de destaque. Entre os personagens secundários, está o modelo ficcional de Serge para o influente companheiro de viagem. Numa cena do final, passada em Paris, o "professor Passereau, famoso nos dois hemisférios, presidente do Congresso em Defesa da Cultura", diz para a jovem emigrada Xenia Popov, que em vão pede a sua intervenção em favor do mais simpático dos protagonistas velhos bolcheviques criados por Serge: "Pela justiça do seu país eu tenho um respeito que é absoluto [...]. Se Rubliev é inocente, o Supremo Tribunal lhe fará justiça". Quanto ao epônimo Tulaiev, o alto funcionário do governo cujo assassinato desencadeia a prisão e a execução dos demais, ele faz apenas uma aparição brevíssima no romance. Só está lá para levar um tiro.

O Tulaiev de Serge, mais exatamente o seu assassinato e as suas conseqüências, parece apontar obviamente para Serguei Kirov, o chefe de organização do Partido em Leningrado, cujo assassinato em seu escritório, no dia 1º de dezembro de 1934, cometido por um jovem membro do Partido chamado Liev Nikoláiev, tornou-se o pretexto de Stálin para os anos de matança que se seguiram, nos quais foram dizimados os membros leais do Partido e, durante décadas, milhões de cidadãos comuns foram mortos ou mantidos na prisão. Pode ser difícil não ler *O caso do cama-*

rada Tulaiev como um *roman à clef*, embora no prefácio Serge explicitamente advirta que não se deve fazer isso. "Este romance", escreve ele, "pertence ao domínio da ficção literária. A verdade criada pelo romancista não pode ser confundida, em nenhum grau, com a verdade do historiador e do cronista." É muito difícil imaginar Soljenítsin incluindo uma ressalva desse teor no prefácio de um de seus romances sobre Lênin. Mas talvez devamos tomar as palavras de Serge ao pé da letra — observando que ele situa o romance em 1939. As prisões e os processos em *O caso do camarada Tulaiev* são os sucessores ficcionais, mais do que uma síntese ficcional, dos verdadeiros processos de Moscou de 1936, 1937 e 1938.

Serge não está apenas indicando que a verdade do romancista difere da do historiador. Está afirmando, aqui apenas implicitamente, a superioridade da verdade do romancista. Serge fizera a atrevida declaração na carta para Istrati a respeito de *Homens na prisão*; um romance que, apesar "do emprego conveniente da primeira pessoa do singular", "não é sobre mim", e no qual "eu nem mesmo pretendo me ater muito estreitamente às coisas que de fato presenciei". O romancista, continua Serge, está em busca de "uma verdade mais rica e mais geral do que a verdade da observação". Essa verdade "às vezes coincide quase fotograficamente com certas coisas que eu vi; às vezes difere delas em todos os aspectos".

Afirmar a superioridade da verdade da ficção é um venerável lugar-comum literário (sua formulação mais antiga está na *Poética* de Aristóteles) e na boca de muitos escritores soa falso e até algo dito em interesse próprio: uma autorização que um romancista pede para ser inexato, parcial ou arbitrário. Dizer que a afirmação enunciada por Serge não tem nenhum de tais atributos é apontar para a prova contida em seus romances, a sua incontestável sinceridade e inteligência aplicadas a verdades *vividas*, recriadas em forma de ficção.

O caso do camarada Tulaiev nunca desfrutou uma fração da fama de *Trevas ao meio-dia* (1940), de Koestler, romance com o qual divide ostensivamente o mesmo tema, mas que formula a tese oposta, a correspondência da ficção à realidade histórica. "A vida de N. S. Rubachov é uma síntese da vida de vários homens que foram vítimas dos chamados Processos de Moscou", o prefácio de *Trevas ao meio-dia* adverte o leitor. (Supõe-se que Rubachov seja baseado sobretudo em Nikolai Bukharin, com algo de Karl Radek.) Mas a síntese constitui exatamente a limitação do drama de câmara de Koestler, que é ao mesmo tempo uma discussão política e um retrato psicológico. Uma era inteira é vista pelo prisma dos sofrimentos de uma pessoa que passou pela prisão e por interrogatórios, entremeados de recordações, *flashbacks*. O romance abre com Rubachov, ex-comissário do povo, sendo empurrado para dentro da sua cela, a porta bate com força às suas costas, e termina com o carrasco chegando com as algemas, a descida ao porão da prisão e a bala na nuca. (Não é nenhuma surpresa o fato de *Trevas ao meio-dia* ter sido transformado numa peça teatral na Broadway.) A revelação de *como* — ou seja, mediante que argumentos, mais do que por meio de tortura física — Zinoviev, Kamenev, Radek, Bukharin e os demais dirigentes da elite bolchevique puderam ser induzidos a confessar em face das absurdas acusações de traição feitas contra eles constitui a história de *Trevas ao meio-dia*.

O romance polifônico de Serge, com suas muitas trajetórias, tem uma visão bem mais complexa do personagem, do entrecruzamento da política com a vida privada, e dos terríveis métodos de inquisição de Stálin. E abre uma rede intelectual muito mais ampla. (Um exemplo: a análise de Rubliev sobre a geração revolucionária.) Entre os presos, apenas um irá confessar no final — Ríjik, que continua insubmisso, prefere prosseguir numa greve de fome e morrer —, mas só um se parece com o Rubachov de Koestler: Erchov, que é convencido a prestar um derradeiro serviço ao Partido admitindo que tomou parte na conspiração para assassinar Tulaiev. "Todo homem tem a sua própria maneira de afogar-se" é o título de um dos capítulos.

O caso do camarada Tulaiev é um romance muito menos convencional do que *Trevas ao meio-dia* e *1984*, cujos retratos do totalitarismo tornaram-se inesquecíveis — talvez porque aqueles romances tenham um protagonista único e contem uma única história. Não precisamos pensar em Rubachov, de Koestler, ou em Winston Smith, de Orwell, como heróis; o fato de ambos os romances persistirem com o seu protagonista do início ao fim força o leitor a identificá-lo com a vítima arquetípica da tirania totalitária. Se podemos dizer que o romance de Serge tem um herói, trata-se de alguém presente apenas no primeiro e no último capítulo, e que não é uma vítima: Kóstia, o verdadeiro assassino de Tulaiev, que se mantém livre de suspeitas.

Assassinato, morte, isso está no ar. É disso que trata a história. Um revólver Colt é comprado de um fornecedor obscuro — sem nenhum motivo específico, exceto por se tratar de um objeto mágico, de aço preto-azulado, e que dá uma sensação de poder escondido dentro do bolso. Um dia o seu comprador, o insignificante Romachkin, um pobre coitado e também (a seus próprios olhos) "um homem puro que só pensava na justiça", está caminhando perto do muro do Kremlin, quando surge um vulto de uniforme, "o seu uniforme sem nenhuma insígnia, o seu rosto duro, com um bigode eriçado e inconcebivelmente sensual", seguido por dois homens em trajes civis, a apenas nove metros de distância, que depois pára a dois metros dele para acender um cachimbo. Romachkin se dá conta de que foi presenteado com a oportunidade de dar um tiro no próprio Stálin ("o Chefe"). Não atira. Amargurado com a própria covardia, dá a arma a Kóstia, que, numa noite de neve, na rua, observa um homem corpulento num casaco de pele e gorro de astracã, com uma maleta debaixo do braço, desembarcando de um carro preto possante que acabou de estacionar na frente de uma residência particular, ouve que o motorista o chama de camarada Tulaiev — o Tulaiev do Comitê Central, Kóstia entende logo, o das "deportações em massa" e dos "expurgos da universidade" —, vê o homem mandando o carro ir embora (na verdade, Tulaiev não tem a intenção de entrar na sua casa, mas de continuar a andar, rumo a um encontro sexual), e nesse instante, como que num transe, num ataque de inconsciência, a arma sai do bolso de Kóstia. A arma detona, um repentino estampido estrondoso no meio de um silêncio de morte. Tulaiev tomba na calçada. Kóstia foge pelas ruas estreitas e silenciosas.

Serge comete o assassinato de Tulaiev de modo quase involuntário, como o assassinato de um desconhecido, numa praia, pelo qual é julgado o protagonista de *O estrangeiro* (1942), de Camus. (É muito pouco provável que Serge, ilhado no México, pudesse ter lido o romance de Camus, publicado clandestinamente na França ocupada, antes de terminar o seu próprio.) O anti-herói sem sentimentos do romance de Camus é uma espécie de vítima, antes de tudo da própria falta de consciência de suas ações. Em contraste, Kóstia é cheio de sentimento e o seu *acte gratuit* é sincero e também irracional: sua consciência da iniqüidade do sistema soviético age *através* dele. Porém a violência ilimitada do sistema torna impossível para ele admitir o seu ato de violência. Quando, no final do romance, Kóstia, atormentado por toda a injustiça desencadeada pelo seu ato, envia uma confissão escrita, sem assinatura, para o promotor-chefe do caso de Tulaiev, ele, Fleischman — que pouco depois será também preso —, queima a carta, junta as cinzas e as esmigalha debaixo do polegar, e "com alívio e também com um sarcasmo desolado" fala a meia-voz para si mesmo: "O caso Tulaiev está encerrado". A verdade, incluindo uma confissão verdadeira, não tem espaço no tipo de tirania que a revolução se tornou.

Assassinar um tirano é um feito que pode evocar o passado anarquista de Serge, e Trótski não estava inteiramente errado quando o acusou de ser mais anarquista do que marxista. Mas ele nunca suportou a violência anarquista: foram as suas convicções libertárias que, bem cedo, fizeram de Serge um anarquista. Sua vida como militante lhe deu uma profunda experiência da morte. Essa experiência é expressa de modo mais aguçado em *Cidade conquistada*, com suas cenas de homicídio como compulsão, orgia, necessidade política, mas a morte reina em todos os romances de Serge.

"Não nos cabe ser admiráveis", declara a voz de um triste elogio à dureza de coração do revolucionário, "Meditação durante um ataque aéreo", em *O nascimento da nossa força*. Nós, revolucionários, "temos de ser exatos, lúcidos, fortes, inflexíveis, armados: como máquinas". (Claro, Serge é completamente dedicado, por temperamento e por princípio, ao que é admirável.) O tema principal de Serge é a revolução e a morte: para fazer uma revolução é preciso ser impiedoso, é preciso aceitar a inevitabilidade de matar inocentes junto com os culpados. Não existem limites para os sacrifícios que a revolução pode exigir. O sacrifício dos outros; o sacrifício de si mesmo. Pois essa húbris, o sacrifício de tantos outros pela causa revolucionária, praticamente garante que no final a mesma violência impiedosa irá se voltar contra aqueles que fizeram a revolução. Na ficção de Serge, o revolucionário é, no sentido clássico e mais estrito, uma figura trágica — um herói que fará, que é obrigado a fazer, *o que é errado*; e assim corteja, e irá suportar, a recompensa, o castigo.

Mas na melhor ficção de Serge — são muito mais do que "romances políticos" — a tragédia da revolução é situada num quadro mais amplo. Serge empenha-se em mostrar a ilógica da história e da motivação humana e do curso das vidas individuais, que nunca podem ser classificadas como merecidas ou imerecidas. Assim, *O caso do camarada Tulaiev* conclui com os destinos contrastantes das suas duas vidas menos importantes: Romachkin, o homem obcecado pela justiça, que não teve a coragem, ou a leviandade, de matar Stálin e tornou-se um burocrata estimado (até então não expurgado) no Estado de terror de Stálin, e Kóstia, o assassino de Tulaiev, o homem que protestou a despeito de si mesmo e conseguiu escapar tomando o rumo de uma humilde atividade agrícola no extremo oriente da Rússia, o rumo da insensibilidade, e de um novo amor.

A verdade do romancista — à diferença da verdade do historiador — permite o arbitrário, o misterioso, o imotivado. A verdade da ficção revigora: pois existe muito mais do que política e muito mais do que os caprichos do sentimento humano. A verdade da ficção corporifica, como na pungente corporalidade das descrições de pessoas e de paisagens feitas por Serge. A verdade da ficção retrata aquilo de que nunca podemos nos consolar e o desloca, com uma desenvoltura saneadora, para tudo o que há de finito e cósmico.

"Eu quero explodir a lua", diz a menininha no fim de "O conto da lua que não apaga" (1926), de Pilniak, que recria em forma de ficção um dos primeiros assassinatos de um possível futuro rival, cometido por ordem de Stálin (aqui chamado de "Número Um"): o assassinato, em 1925, do sucessor de Trótski no comando do Exército Vermelho, Mikhail Frunze, obrigado a se submeter a uma cirurgia desnecessária, e que morreu na mesa de operações, conforme o planejado. (As subseqüentes concessões de Pilniak às diretivas literárias stalinistas na década de 1930 não evitaram que ele fosse fuzilado em 1938.) Num mundo de crueldade e injustiça insuportáveis, parece que toda a natureza deve rimar com dor e perda. E de fato, relata Pilniak, a lua, como que em resposta ao desafio, se apaga. "A lua, gorda que nem a esposa de um comerciante, flutuou para trás das nuvens, cansada da perseguição." Mas a lua não vai se apagar. Tampouco a indiferença salvadora, a visão mais ampla e salvadora, que é aquela do romancista ou do poeta — que não livra a verdade da compreensão política, mas nos diz que existe mais do que política, mais até do que história. Bravura... e indiferença... e sensualidade... e o mundo vivo das criaturas... e a piedade, piedade por todos, continuam sem se apagar.

Alienígena

A propósito de Embaixo da geleira, de Halldór Laxness

A prosa de ficção longa chamada romance, por falta de um nome melhor, ainda tem de se desvencilhar da lei da sua própria normalidade, tal como promulgada no século XIX: contar uma história povoada por personagens cujas opiniões e destinos são os da vida comum, dita real. Narrativas que se desviam dessa norma artificial e contam outros tipos de história, ou parecem não contar história nenhuma, apóiam-se em tradições mais respeitáveis do que as do século XIX, mas até hoje parecem inovadoras, ultraliterárias ou bizarras. Estou pensando nos romances que se desenvolvem, em larga medida, em diálogos; romances que são implacavelmente jocosos (e, portanto, parecem exagerados) ou didáticos; romances cujos personagens passam a maior parte do tempo remoendo os próprios pensamentos ou debatendo com um interlocutor cativo a respeito de questões espirituais e intelectuais; romances que contam a iniciação de um jovem inocente no mundo do saber mistificador ou da abjeção reveladora; romances com personagens que têm possibilidades sobrenaturais, como mudar de forma e a ressurreição; romances que evocam uma geografia imaginária. Parece estranho classificar *As viagens de Gulliver* ou *Cândido* ou *Tristram Shandy* ou *Jacques o fatalista e seu mestre* ou *Alice no País das Maravilhas* ou a *Correspondência de duas esquinas*, de Gershenzon e Ivanov, ou *O castelo*, de Kafka, ou *O lobo da estepe*, de Herman Hesse, ou *As ondas*, de Virginia Woolf, ou *O estranho John*, de Olaf Stapledon, ou *Ferdydurke*, de Gombrowicz, ou As *cidades invisíveis*, de Calvino, ou até, no caso, narrativas pornô simplesmente como romances. Para defender a tese de que eles ocupam os remotos arredores da tradição principal do romance, invocam-se rótulos especiais.

Ficção científica.
Fábula, alegoria, conto maravilhoso.
Romance filosófico.
Romance de sonho.
Romance visionário.
Literatura de fantasia.
Literatura de sabedoria.
Paródia.
Estimulante sexual.

A convenção determina que enquadremos boa parte das obras literárias perduráveis dos últimos séculos em alguma dessas categorias.

O único romance que conheço que se enquadra em todas elas é *Embaixo da geleira*, o livro desvairadamente original, rabugento, espalhafatoso, de Halldór Laxness.

Primeiro, ficção científica.
Em 1864, Júlio Verne publicou *Viagem ao centro da Terra*, a encantadora narrativa das aventuras de uma expedição de três

pessoas, liderada por um professor de mineralogia alemão — o tipo do cientista louco irascível —, que desce a cratera de um vulcão extinto numa geleira na Islândia, Snæfells, e no fim sobe de volta através da boca de um vulcão ativo numa outra ilha, Stromboli, ao largo da Sicília. Mais de cem anos depois, em 1968, Snæfells é novamente escolhida como pórtico de uma outra missão ficcional insólita no romance do islandês Halldór Laxness, escrito com perfeita consciência satírica da maneira como o pai francês da ficção científica colonizou o território da Islândia. Dessa vez, em lugar de uma viagem para dentro da Terra, a simples proximidade com a geleira abre caminho para mistérios cósmicos inesperados.

Imaginar o excepcional, não raro entendido como miraculoso, mágico ou sobrenatural, é uma tarefa permanente do ato de contar histórias. Uma tradição propõe um local físico para entrar — uma caverna, túnel ou buraco — que leva a um reino bizarro ou encantado, como uma alternativa à normalidade. Na história de Laxness, uma estada perto de Snæfells não incita à audácia de uma descida, de uma penetração, pois, como sabem os islandeses que habitam a região, a geleira é em si mesma o centro do universo. O sobrenatural — o centro — está presente na superfície, na rotina da vida cotidiana de uma aldeia cujo pastor errante parou de celebrar o culto ou batizar crianças ou enterrar os mortos. O cristianismo — a confissão religiosa da Islândia é a evangélica luterana — é o nome do que é normal, histórico, local.* (A ilha agrícola viking foi convertida ao cristianismo num único dia, pelo Athing, o Parlamento nacional mais antigo do mundo, em 999.) Mas o que se passa na remota Snæfells é anormal, cósmico, global.

---

* Traduzido literalmente, o título islandês original significa *Cristianismo na geleira.*

A ficção científica apresenta dois desafios essenciais às idéias convencionais de tempo e lugar. Uma é que o tempo pode ser abreviado ou tornar-se "irreal". A outra é que existem no universo lugares especiais onde as leis familiares que regem a identidade e a moralidade são violadas. Em formas mais drásticas de ficção científica, há lugares onde bem e mal competem. Em versões benévolas desse excepcionalismo geográfico, esses são lugares onde a sabedoria se acumula. Snæfells é um desses lugares — ou assim está estabelecido. As pessoas levam sua vida mundana, peculiar, aparentemente sem se abalar com a consciência da singularidade do local onde moram: "Ninguém nesta região duvida que a geleira é o centro do universo". Snæfells tornou-se um laboratório do novo, do perturbador: um local de peregrinação secreta.

Como uma forma da arte de contar histórias, a ficção científica é uma variante moderna da literatura de busca alegórica. Não raro toma a forma de uma jornada perigosa ou misteriosa, recontada por um viajante aventureiro, mas ignorante, que enfrenta os obstáculos a fim de se defrontar com uma outra realidade, carregada de revelações. Ele, pois é sempre um homem, representa a humanidade enquanto aprendizado, pois as mulheres não são tidas como aptas a representar os seres humanos em geral, mas apenas as mulheres. Uma mulher pode representar as Mulheres. Só um homem pode representar o Homem ou a Humanidade — todos. Claro, uma protagonista mulher pode representar A Criança — como em *Alice no País das Maravilhas* —, mas não O Adulto.

Assim, *Viagem ao centro da Terra* e *Embaixo da geleira* têm como protagonista e narrador um jovem ingênuo, simpático, que sujeita sua vontade à de uma figura mais velha e de maior autoridade. O narrador de Verne é o sobrinho órfão e assistente do famoso professor Lidenbrock, chamado Axel, que não pode recusar o convite de acompanhar o tio e um guia islandês naquela aventura, embora tenha certeza de que isso vai custar a vida dos três. No romance de Laxness, que abre com um toque de paródia, o narrador é um jovem sem nome que o bispo da Islândia em Reykjavik quer mandar para a aldeia situada ao pé da geleira Snæfells "a fim de realizar a mais importante investigação na montanha mundialmente famosa desde os tempos de Júlio Verne". Deve descobrir o que aconteceu com a paróquia local, cujo ministro — pastor Jón Jónsson, conhecido como Primus — não pegou o seu salário durante vinte anos. Será que o cristianismo ainda é praticado lá? Correm rumores de que a igreja está fechada com tábuas e não se realizam cultos, que o pastor vive com alguém que não é sua esposa, que o pastor permitiu que um cadáver fosse alojado dentro da geleira.

O bispo diz para o jovem que já mandou inúmeras cartas para Primus. Sem resposta. Quer que o jovem faça uma breve viagem à aldeia, fale com o pastor e faça uma avaliação exata da sua incúria espiritual.

E para além da ficção científica.
Embaixo da geleira é tanto um romance filosófico quanto um romance de sonho. É também um dos livros mais engraçados jamais escritos. Mas esses gêneros — ficção científica, romance filosófico, romance de sonho, romance cômico — não são tão diferentes como se poderia supor.

Por exemplo, tanto romances de ficção científica quanto romances filosóficos precisam de personagens principais que sejam céticos, recalcitrantes, espantados, prontos para se maravilhar. O romance de ficção científica em geral começa com a proposta de uma viagem. O romance filosófico pode abrir mão da viagem — pensar é uma atividade sedentária —, mas não pode abrir mão do par clássico: o mestre que indaga e o criado que tem certeza, aquele que fica intrigado e aquele que acha que tem as respostas.

No romance de ficção científica, o protagonista primeiro tem de lutar contra os seus terrores. O terror de Axel, ao ser envolvido pelo tio naquela aventura insensata de descer até as entranhas da Terra, é mais do que compreensível. A questão não é o que ele vai aprender, mas se vai sobreviver aos choques físicos a que estará sujeito. No romance filosófico, o elemento do medo — e do perigo real — é mínimo, se é que existe. A questão não é a sobrevivência, mas o que se pode saber e se é possível saber alguma coisa. De fato, as próprias condições do conhecimento se tornam o tema da reflexão.

Em *Embaixo da geleira*, quando o genérico Jovem Ingênuo recebe do bispo da Islândia o encargo de investigar o que se passa em Snæfells, ele retruca dizendo que é totalmente desqualificado para a missão. Em especial — "para manter as aparências", acrescenta ele, com astúcia —, o jovem sublinha a sua juventude e a sua falta de autoridade para repreender um velho venerável por negligenciar as suas obrigações pastorais, quando as palavras do próprio bispo já foram ignoradas. Não será esse jovem — o leitor é informado de que tem 25 anos e é estudante — pelo menos um estudante de teologia? Nem isso. Tem planos de ser ordenado? Na verdade, não. É casado? Não. (Na realidade, pelo que somos informados, ele é virgem.) Então, tem algum problema? Nenhum problema. Para o experiente bispo, a falta de qualificações desse islandês semelhante a Cândido é aquilo que o torna a pessoa certa. Se o jovem fosse qualificado, poderia ficar tentado a julgar o que vê.

Tudo o que o jovem tem de fazer, explica o bispo, é ficar de olhos abertos, ouvir e tomar notas; isso o bispo sabe que ele pode fazer, depois de observar o jovem registrando com taquigrafia uma recente reunião do sínodo, e também usando — como é que se chama? Um fonógrafo? Era um gravador de fita, diz o jovem. Pois então, continua o bispo, escreva tudo. O que viu e o que ouviu. Não julgue.

O romance de Laxness é tanto a narrativa da viagem quanto o relatório.

Um romance filosófico parte, em geral, de uma discussão com a própria noção de invenção romanesca. Um recurso comum é apresentar a ficção como um documento, algo encontrado ou recuperado, não raro depois da morte ou do desaparecimento do autor: pesquisa de textos manuscritos, um diário, um maço de cartas.

Em *Embaixo da geleira*, a ficção antificcional é aquilo que o leitor tem nas mãos, um documento preparado ou em preparo, antes apresentado para exame do que encontrado. O projeto engenhoso de Laxness desdobra duas noções de "um relatório": o relatório para o leitor, às vezes na primeira pessoa, às vezes em forma de diálogo sem ornamentos, que é apresentado como material bruto, selecionado das conversas gravadas em fitas e das observações anotadas em cadernos em linguagem taquigráfica, de um relatório que ainda vai ser escrito e apresentado ao bispo. O *status* da narrativa de Laxness é algo semelhante à fita de Moebius: o relatório para o leitor e o relatório para o bispo continuam a incidir um sobre o outro. A voz em primeira pessoa é na verdade uma voz híbrida; o jovem — cujo nome nunca é divulgado — refere-se muitas vezes a si mesmo na terceira pessoa. "O abaixo-assinado", ele se denomina de início. Depois, "Emissário do bispo", abreviado para "Emibi", que rapidamente vira "Embi". E ele permanece como o abaixo-assinado ou Embi ao longo de todo o romance.

A chegada do emissário do bispo da Islândia é esperada, Embi fica sabendo disso quando chega à aldeia remota de ônibus num dia de primavera; é o início de maio. Desde o princípio, os pitorescos informantes de Embi, cheios de segredos e tagarelas, bem à maneira rural de costume, reconhecem o seu direito de interrogá-los sem antagonismo nem curiosidade. De fato, uma discrepância presente no romance é que a aldeia tende a tratá-lo de "bispo". Quando ele protesta que é apenas um emissário, retrucam que o papel dele o torna espiritualmente consubstancial ao bispo. Emissário do bispo, bispo — uma coisa só.

E assim esse jovem sério, discreto — que se refere a si mesmo na terceira pessoa, por modéstia, não pelo motivo habitual — passa de uma conversa para outra, pois este é um romance de falas, debate, disputa, reflexão. Todos que ele entrevista têm idéias pagãs ou pós-cristãs sobre o tempo, a responsabilidade, as energias do universo: a pequena aldeia ao pé da geleira se acha em plena muda espiritual. Além do esquivo pastor Jón — que, quando Embi afinal consegue encontrá-lo (agora ele ganha a vida como quebra-galhos no distrito inteiro), choca o jovem com seus comentários teológicos sagazes —, há no livro um conclave internacional de gurus, entre os quais o mais famoso é o dr. Goodman Syngmann, de Ojai, Califórnia. Embi não pretende ser iniciado em nenhuma dessas heresias. Quer manter-se como um convidado, um observador, um amanuense: sua tarefa é ser um espelho. Mas quando Eros entra em cena na forma da misteriosa esposa do pastor, Úa, ele se torna — primeiro, de modo relutante, depois rendendo-se com avidez — um participante. Ele quer alguma coisa. O desejo irrompe. A viagem se torna a *sua* viagem, a *sua* iniciação, afinal. ("O relatório não só se tornou parte do meu sangue como a parte mais importante da minha vida fundiu-se numa só peça com o relatório.") A viagem termina quando se verifica que a presença reveladora é um fantasma e desaparece. A utopia da transformação erótica foi só um sonho, afinal. Mas é difícil desfazer uma iniciação. O protagonista terá de trabalhar muito para voltar à realidade.

Romance de sonho.
Os leitores vão reconhecer o mundo de sonho característico da mitologia folclórica escandinava, na qual a busca espiritual de um homem é autorizada e respaldada pela generosidade e pelo caráter esquivo do eterno feminino. Uma irmã de Solveig na peça *Peer Gynt*, de Ibsen, e de Indra, em *Uma peça de sonho*, de Strindberg, Úa é a mulher irresistível que se transforma: a feiticeira, a prostituta, a mãe, a iniciadora sexual, a fonte de sabedoria. Úa diz que tem 52 anos de idade, o que faz dela uma pessoa duas vezes mais velha do que Embi — a mesma diferença de idade, ela indica, entre santa Teresa e são João da Cruz quando os dois se conheceram —, mas na verdade ela muda de forma, é imortal. Eternidade em forma de mulher. Úa foi esposa do pastor Jón (embora ela seja católica romana), madame de um bordel em Buenos Aires e freira, e teve inúmeras outras identidades. Parece saber falar todas as línguas importantes. Tricota o tempo todo: luvas, explica ela, para os pescadores do Peru. Talvez de modo mais peculiar, ela já tenha estado morta, já tenha estado encantada em forma de peixe, e tenha estado preservada dentro da geleira até poucos dias antes, e agora o pastor Jón a ressuscitou e ela esteja prestes a tornar-se amante de Embi.

Isso é mitologia perene, à maneira nórdica, não apenas uma paródia do mito. Como disse Strindberg no prefácio da sua obra-prima esquecida *Uma peça de sonho*: "Tempo e espaço não existem". Tempo e espaço são mutáveis no romance de sonho, na peça de sonho. O tempo sempre pode ser revogado. O espaço é múltiplo.

A falta de tempo e espaço em Strindberg não é irônica, como ocorre em Laxness, que espalha alguns detalhes impuros em *Embaixo da geleira* — detritos históricos que recordo o leitor de que não se trata só do tempo folclórico da mitologia nórdica, mas também do ano que foi um marco dos anseios apocalípticos egoístas: 1968. O autor do livro, que publicou seu primeiro romance quando tinha dezessete anos e escreveu uns sessenta romances durante sua vida longa e nem um pouco provinciana (morreu aos 95), já contava 66 anos de idade. Nascido na região rural da Islândia, morou nos Estados Unidos no final da década de 1920, sobretudo em Hollywood. Passou um tempo na União Soviética na década de 1930. Já havia ganhado um prêmio Stálin da Paz (1952) e um prêmio Nobel de Literatura (1955). Era conhecido por romances épicos sobre agricultores islandeses pobres. Era um escritor com consciência. Tinha sido obtusamente filo-soviético (durante décadas) e depois se interessou pelo taoísmo. Leu *Saint Genet*, de Sartre, e condenava publicamente as bases americanas na Islândia e a guerra dos americanos no Vietnã. Mas *Embaixo da geleira* não reflete nenhuma dessas preocupações específicas. É uma obra de suprema zombaria, liberdade e espírito. É diferente de tudo o que Laxness escreveu.

Romance cômico.
O romance cômico também repousa num narrador ingênuo: uma pessoa de entendimento incompleto e inadequado, alegria incansável ou otimismo. Pastor Jón, Úa, os aldeões: todos dizem para Embi que ele não entende. "Será que você não é um pouquinho limitado, meu pequenino?", comenta Úa, com ternura. Enganar-se muitas vezes, mas nunca desanimar; reconhecer corajosamente os próprios erros, e perseverar — essa é uma si-

tuação essencialmente cômica. (A comédia da ingenuidade funciona melhor quando o protagonista é jovem, como no autobiográfico *La vie de Henry Brulard*, de Stendhal.) Um herói sério, inocente, tenta enfrentar e superar as coisas absurdas que lhe acontecem, e tem sucesso na maior parte das vezes. O fato de o narrador anônimo dizer às vezes "eu" e outras vezes falar de si na terceira pessoa acrescenta um toque insólito de despersonalização, que também suscita o riso. A mescla jocosa de vozes corta o *pathos*; exprime a frágil e falsa confiança do herói cômico. O cômico não é ficar surpreso com o espantoso ou o absurdo. A ordem do bispo — conter as reações diante de tudo o que o jovem emissário irá encontrar — instaura um cenário essencialmente cômico. Embi sempre contém suas reações diante das situações absurdas em que se vê: por exemplo, a comida que lhe oferecem todo dia na casa do pastor durante a sua estada — nada senão biscoitos.

Pensemos nos filmes de Buster Keaton e Harry Langdon; pensemos nos textos de Gertrude Stein. Os elementos básicos de uma situação cômica: rosto apático; repetição; falta de afetividade; deficiência (aparente, pelo menos) de entendimento a respeito do que a pessoa está fazendo (o que torna o público espectador superior ao estado mental representado); comportamento ingenuamente solene; alegria inadequada — no conjunto, tudo dá uma idéia de infantilidade.

O cômico é também cruel. Este é um romance sobre humilhação — a humilhação do herói. Ele suporta a frustração, a privação do sono, a privação de alimento. (Não, a igreja não está aberta agora. Não, você não pode comer agora. Não, eu não sei onde está o pastor.) Trata-se de um encontro com uma autoridade misteriosa que não irá se revelar. O pastor Jón parece ter renunciado aos deveres do seu ministério e, em troca, prefere ser mecânico, mas na verdade saiu à procura de um caminho para uma autoridade muito maior — mística, cósmica, galáctica. Embi se vê no meio de uma comunidade de bruxos formada por pessoas dotadas de autoridade, cuja proveniência e cujos poderes ele jamais consegue decifrar. Claro, são trapaceiros, charlatães — e não são; ou pelo menos as suas vítimas, os crédulos, os merecem (a exemplo de um romance húngaro muito mais sombrio sobre charlatães espirituais e simplórios rurais, *Sátán-tangó*, de Krasznahorkai). Toda vez que Embi olha, não entende, e ninguém o ajuda a entender. O pastor está longe, a igreja está fechada. Mas à diferença de, digamos, *O castelo*, de Kafka, Embi não sofre. A despeito de todas as suas humilhações, ele não parece sentir nenhuma angústia. O romance tem uma frieza sinistra. É cruel e também alegre.

Romance visionário.

O romance cômico e o romance visionário também têm algo em comum: a falta de explicitação. Um dos aspectos do cômico é a ausência de sentido e a inanidade, que são uma grande fonte de comédia, e também de espiritualidade — pelo menos na versão oriental (taoísta) que atraía Laxness.

No início do romance, o jovem continua por um breve tempo a protestar sua falta de competência para cumprir a missão do bispo. O que vou dizer?, pergunta. O que vou fazer?

O bispo retruca: "Basta apenas dizer e fazer o mínimo possível. Fique de olhos bem abertos. Fale sobre o tempo. Pergunte como foi o verão deles no ano passado e no ano anterior. Diga que o bispo sofre de reumatismo. Se outras pessoas tiverem reumatismo, pergunte onde é que sentem dor. Não tente corrigir nada".

Mais um pouco da sabedoria do bispo:

Não seja pessoal. Seja seco! [...] Escreva na terceira pessoa, o mais possível [...]. Nada de querer comprovar! [...] Não se esqueça de que pouca gente é capaz de dizer mais do que uma pequena parte da verdade: ninguém diz muita verdade, muito menos a verdade inteira [...]. Quando as pessoas falam, revelam a si mesmas, mostram se estão mentindo ou dizendo a verdade [...]. Lembre-se, toda mentira que lhe disserem, mesmo de caso pensado, será muitas vezes um fato mais significativo do que uma verdade dita com toda a sinceridade. Não os corrija, e também não tente interpretá-los."

O que é isso, senão uma teoria da espiritualidade e uma teoria da literatura?

Obviamente, as manobras espirituais na geleira há muito deixaram para trás o cristianismo. (O pastor Jón afirma que todos os deuses que o povo cultua são igualmente bons, ou seja, igualmente defeituosos.) Está claro, existe muito mais do que a ordem da natureza. Mas existirá algum papel para os deuses — e para a religião? A despudorada leveza com que as questões profundas são levantadas em *Embaixo da geleira* está bem longe da gravidade com que elas figuram nas literaturas russa e alemã. Esse é um romance de um encanto imenso, que flerta com a idéia de ser uma paródia. É uma sátira da religião, repleta de picaretagens do tipo Nova Era. É um livro de idéias, como nenhum outro escrito por Laxness.

Laxness não crê no sobrenatural. Sem dúvida, ele crê na crueldade da vida — o riso é tudo o que resta da mulher, Úa, a quem Embi se rendeu e que desapareceu. O que veio à luz pode ser semelhante a um sonho, vale dizer, o romance de busca se encerra com o retorno compulsório à realidade. Embi não vai escapar a esse amargo destino.

"O seu emissário caiu fora com a sua mala de viagem no meio da risada", conclui Embi o seu relatório para o bispo; assim termina o romance. "Eu estava um pouco assustado e corri o mais que pude para voltar pelo mesmo caminho por onde vim. Eu tinha esperança de encontrar de novo a estrada principal."

Embaixo da geleira é um romance maravilhoso sobre as questões mais ambiciosas, porém, uma vez que se trata de um romance, é também uma viagem que deve terminar, deixando o leitor deslumbrado, estimulado, e se o romance de Laxness fez a sua parte, talvez deva também, mas não tão afoitamente como Embi, encontrar de novo a estrada principal.

11/9/2001

Para esta americana, e nova-iorquina, estarrecida, triste, os Estados Unidos nunca pareceram tão distantes de uma compreensão da realidade como se encontram agora em face da monstruosa dose de realidade da última terça-feira. A falta de nexo entre o que aconteceu e como isso podia ser compreendido, e o palavrório hipócrita e os rematados engodos propagados por quase todas as nossas figuras públicas (uma exceção: o prefeito Giuliani) e comentaristas da tevê (uma exceção: Peter Jennings) são espantosos, deprimentes. As vozes autorizadas a acompanhar o evento parecem ter se associado numa campanha para infantilizar o público. Onde está o reconhecimento de que esse não foi um ataque "covarde" contra a "civilização" ou a "liberdade" ou a "humanidade" ou ao "mundo livre", mas sim um ataque contra a autoproclamada superpotência do mundo, desfechado em razão de alianças e ações americanas específicas? Quantos cidadãos têm consciência do bombardeio em curso no Iraque? E se devemos usar a palavra "covarde", seria mais adequadamente aplicada àqueles que matam fora do alcance da retaliação, no alto do céu, do que àqueles dispostos a se matarem a fim de matar outros. No que diz respeito à coragem (uma virtude moralmente neutra): digam o que disserem dos que perpetraram a matança de terça-feira, eles não são covardes.

Nossos líderes estão inclinados a nos convencer de que tudo está bem. Os Estados Unidos não estão com medo. "Eles" serão encontrados e castigados (sejam "eles" quem forem). Temos um presidente robótico que garante que os Estados Unidos vão resistir com bravura. Um amplo espectro de figuras públicas fortemente opostas à política externa praticada pelo governo Bush aparentemente sentem-se livres para dizer apenas que estão com todo o povo americano, unidas e sem medo atrás do presidente Bush. Os comentaristas informam que centros de apoio psicológico estão em atividade. Claro, não nos mostram nenhuma imagem horrível do que aconteceu com as pessoas que trabalhavam no World Trade Center e no Pentágono. Isso poderia nos abalar. Foi só na quinta-feira que os governantes (de novo com a exceção do prefeito Giuliani) se atreveram a apresentar algumas estimativas do número de vidas perdidas.

Disseram-nos que tudo está bem, ou vai ficar bem, embora aquele seja um dia que viverá na infâmia, e que os Estados Unidos estão em guerra. Mas tudo não está bem. E isso não foi Pearl Harbor. É preciso pensar muito, e talvez estejam fazendo isso em Washington e em outros lugares, a respeito do colossal fracasso do serviço secreto e da contra-espionagem americanos, sobre o futuro da política exterior americana, em especial no Oriente Médio, e sobre o que constitui um programa razoável de defesa militar. Mas nitidamente os nossos líderes — os do governo, os que aspiram ao governo, os que algum dia ocuparam o governo —, com a cumplicidade voluntária da mídia mais importante, decidiram que não se deve pedir ao público que suporte um fardo excessivo de realidade. Os clichês auto-elogiosos, unanimemente aplaudidos, de um Congresso do Partido Soviético nos pareciam desprezíveis. A unanimidade da retórica hipócrita, destinada a encobrir a realidade, cuspida por quase todos os políticos americanos e comentaristas da mídia nesses últimos dias, parece, digamos, indigna de uma democracia madura.

Nossos líderes informaram-nos que eles consideram que a sua tarefa é do tipo manipulativa: a construção da confiança e a gestão da dor. Política, a política de uma democracia — que acarreta desacordo, que promove a franqueza — foi substituída pela psicoterapia. De todas as formas possíveis, vamos lamentar juntos. Mas não vamos emburrecer juntos. Alguns frangalhos de consciência histórica poderiam nos ajudar a entender o que acabou de acontecer. "Nosso país é forte", nos repetem a toda hora. Eu, por exemplo, não acho isso um grande consolo. Quem duvida que os Estados Unidos são fortes? Mas não é só isso o que os Estados Unidos têm de ser.

Algumas semanas depois

1. A senhora poderia descrever o impacto de voltar para Nova York? O que sentiu quando viu as conseqüências?

Claro, eu preferia estar em Nova York no dia 11 de setembro. Como estava em Berlim, onde fui passar dez dias, minha reação inicial ao que acontecia nos Estados Unidos foi, literalmente, mediada. Eu tinha planejado passar toda aquela tarde de terça-feira escrevendo em meu quarto silencioso num subúrbio de Berlim, quando fui abruptamente avisada do que estava acontecendo no meio da manhã, em Nova York e em Washington, por telefonemas de dois amigos, um em Nova York e o outro em Bari, e então liguei logo a tevê e passei quase todas as 24 horas seguintes diante da tela, vendo sobretudo a CNN, antes de voltar ao meu notebook para disparar uma diatribe contra a vazia e desorientadora demagogia que ouvi disseminada pelo governo americano e por figuras da mídia. (Esse breve texto, primeiro publicado em *The New Yorker*, e energicamente criticado aqui nos Estados Unidos, era apenas, é claro, uma primeira impressão, mas infelizmente bastante exata.) A dor autêntica seguiu-se em estágios não de todo coerentes, como sempre acontece quando a pessoa está afastada da realidade da perda e, portanto, privada do contato pleno com essa realidade. Ao voltar para Nova York tarde da noite na semana seguinte, fui do Aeroporto Kennedy direto para o ponto mais próximo do local do ataque a que era possível chegar de carro e passei uma hora vagando a pé em volta do que é agora um fumegante, fétido, montanhoso cemitério coletivo — com cerca de seis hectares de área — na parte sul de Manhattan.

Naqueles primeiros dias após o meu regresso a Nova York, a realidade da devastação e a imensidade das perdas humanas tornaram menos relevante o meu foco inicial na retórica dominante. Meu consumo de realidade por meio da televisão caiu ao seu nível habitual — zero. Teimosamente, nunca tive um televisor em casa nos Estados Unidos, embora, nem é preciso dizer, eu veja televisão quando estou no exterior. Quando estou em casa, minhas fontes principais de notícias diárias são *The New York Times* e alguns jornais europeus que leio no computador. E o *Times*, dia após dia, publicou páginas de breves e comoventes biografias, com fotos, de muitos milhares de pessoas que perderam a vida nos aviões seqüestrados e no World Trade Center, inclusive os mais de trezentos bombeiros que subiram correndo as escadas enquanto os empregados dos escritórios desciam. Entre os mortos estavam não só os bem remunerados, ambiciosos, que trabalhavam nas empresas financeiras localizadas ali, mas também muitos trabalhadores braçais do prédio, como zeladores, assistentes administrativos, funcionários da cozinha, mais de setenta, em sua maioria negros e hispânicos, do Janelas para o Mundo, o restaurante situado no topo de uma das torres. Tantas histórias; tantas lágrimas. Não lamentar seria uma coisa bárbara, como também seria bárbaro pensar que essas mortes são algo diferente de quaisquer outras atrozes perdas humanas, de Srebrenica a Ruanda.

Mas lamentar não é a única coisa que temos de fazer. Assim, voltamos ao discurso que envolve o fato e a realidade do que mudou nos Estados Unidos desde o dia 11 de setembro.

2. Qual é a sua reação à retórica de Bush?

Não há motivo para concentrar-se na simplista retórica de caubói de Bush, que, nos primeiros dias após o 11 de Setembro, oscilou entre o cretino e o sinistro — depois disso os redatores dos seus discursos e conselheiros parecem ter tomado as rédeas. Por repulsivas que sejam a sua postura e a sua linguagem, Bush não deve monopolizar a nossa atenção. Todas as principais figuras no governo americano parecem-me estar com uma carência de linguagem, em busca de imagens capazes de abarcar esse inédito revés para o poder e a competência americanos.

Foram propostos dois modelos de compreensão da catástrofe do 11 de Setembro. O primeiro é que isso é uma guerra, iniciada por um "ataque traiçoeiro" comparável ao bombardeio japonês da base naval americana de Pearl Harbor, no Havaí, no dia 7 de dezembro de 1941, que empurrou os americanos para a Segunda Guerra Mundial. O segundo, que tem ganhado aceitação tanto nos Estados Unidos como na Europa Ocidental, é que se trata de uma luta entre duas civilizações, uma produtiva, livre, tolerante e secular (ou cristã), e a outra retrógrada, fanática e vingativa.

Claro, eu me oponho a esses dois modelos vulgares e perigosos de compreensão do que se passou em 11 de setembro. Entre as minhas razões para rejeitar tanto o modelo "agora estamos em guerra" como o "nossa civilização é superior à deles", destaca-se o fato de que esse é exatamente o ponto de vista das pessoas que cometeram esse ataque criminoso e do movimento fundamentalista Wahabi no islã. Se o governo americano persistir em retratar isso como uma guerra e tentar satisfazer a ânsia do público com a campanha de bombardeios em larga escala que a retórica inicial de Bush pareceu prometer (pelo menos no início), é provável que o perigo aumente. Não são os terroristas que vão sofrer com uma reação de "guerra" generalizada por parte dos Estados Unidos e seus aliados, mas sim os civis inocentes — desta vez no Afeganistão, no Iraque e em outros lugares —, e essas mortes só servirão para inflamar o ódio contra os Estados Unidos (e, de modo mais geral, o secularismo ocidental) disseminado pelo fundamentalismo islâmico radical.

Só uma violência com um foco muito estreito tem alguma chance de reduzir a ameaça representada pelo movimento de que Osama bin Laden é apenas um dos muitos líderes. A situação me parece extremamente complicada. De um lado, o terrorismo ativista que marcou um tento tão significativo no dia 11 de setembro é nitidamente um movimento global. Não deve ser identificado com um Estado em particular, sem dúvida não com o infeliz Afeganistão, como Pearl Harbor podia ser identificado com o Japão. A exemplo da economia atual, a exemplo da cultura de massa, a exemplo das doenças pandêmicas (pensemos na aids), o terrorismo zomba das fronteiras. Por outro lado, existem Estados que de fato figuram no centro da história. A Arábia Saudita proporcionou o apoio principal para o movimento Wahabi em todo o mundo (não por acaso, Bin Laden é um príncipe saudita, por assim dizer) e, durante o mesmo período, a monarquia saudita foi o mais importante aliado americano no mundo árabe. Entre os membros jovens da elite saudita, existem muitas pessoas além de Bin Laden que encaram a cooperação da monarquia saudita com os Estados Unidos como uma grande traição "civilizacional". Uma guerra em grande escala liderada pelos americanos contra o movimento terrorista identificado com Bin Laden corre o risco de derrubar a monarquia "reacionária" e levar ao poder os radicais na Arábia Saudita.

E esse é apenas um dos muitos dilemas para os estrategistas políticos dos EUA.

3. *A senhora afirmou que toda comparação com Pearl Harbor é inadequada. Como sabe, Gore Vidal em seu livro mais recente,* A idade do ouro, *defende a tese de que Roosevelt provocou o ataque japonês contra Pearl Harbor a fim de permitir que os Estados Unidos entrassem na guerra do lado da França e da Inglaterra. A opinião pública americana e o Congresso eram contra entrar na guerra; só no caso de um ataque os Estados Unidos poderiam declarar guerra. Outros intelectuais americanos uniram-se a Vidal na defesa da tese de que os Estados Unidos têm provocado o mundo islâmico há muitos anos e que, em conseqüência, é inevitável questionar a política americana. Qual a sua opinião?*

Como já dei a entender, creio que a comparação entre o 11 de Setembro e Pearl Harbor é não só inadequada como capciosa. Ela sugere que temos uma nação contra a qual lutar. A realidade é que as forças que tentam humilhar o poder americano são, a rigor, subnacionais e transnacionais. Osama bin Laden é, no máximo, o diretor de um vasto conglomerado de grupos de terror. Algumas pessoas bem informadas acreditam que ele é até, em certa medida, um líder de fachada, mais importante pelo seu dinheiro e por seu carisma do que por seu talento de estrategista. Segundo essa opinião, é um núcleo de militantes egípcios que fornece os verdadeiros cérebros de um programa de operações contínuas e que devem se realizar em diversos países.

Tenho sido uma crítica ardorosa do meu país há quase tanto tempo quanto Gore Vidal, mas espero que de modo mais acurado, e tenho como certo que questionar a política externa dos Estados Unidos é sempre desejável, bem como inevitável. Dito isso, não creio que Roosevelt provocou o ataque japonês contra Pearl Harbor. O governo japonês cometeu de fato a insensatez de começar uma guerra contra os Estados Unidos. Tampouco acho que os Estados Unidos têm provocado o mundo islâmico durante anos. Os Estados Unidos comportaram-se com brutalidade, de modo imperial, em muitos países, mas não está envolvido em nenhuma operação generalizada contra algo que se possa chamar de "mundo islâmico". E por mais que eu deplore a política externa americana — e a presunção e arrogância americanas —, a primeira coisa que se deve ter em mente é que o que aconteceu em 11 de setembro foi um crime aterrador.

Como alguém que tem estado na linha de frente daqueles que criticam há décadas os desmandos americanos, fiquei especialmente ultrajada, por exemplo, com o embargo que trouxe tanto sofrimento para o empobrecido, oprimido, povo do Iraque. Mas a opinião que identifico entre certos intelectuais americanos, como Vidal e muitos intelectuais *bien-pensants* na Europa — de que os Estados Unidos produziram esse horror contra si mesmos, que os próprios Estados Unidos são, em parte, culpados pela morte de milhares de pessoas em seu próprio território —, não é, repito, não é uma opinião que eu compartilhe.

Desculpar ou tolerar em qualquer medida essa atrocidade, culpando os Estados Unidos — embora haja muito a censurar no comportamento americano no exterior —, é moralmente obsceno. O terrorismo é o assassinato de pessoas inocentes. Desta vez, foi matança em massa.

Além disso, creio que é errado pensar no terrorismo — nesse terrorismo — como a busca de demandas legítimas por meios ilegítimos. Deixe-me ser mais específica. Se amanhã houvesse uma retirada unilateral de Israel da Margem Oeste e depois de Gaza, seguida no dia seguinte pela declaração de um Estado palestino acompanhado da plena garantia de ajuda e cooperação de Israel, creio que esses fatos totalmente desejáveis não fariam a menor diferença para os projetos terroristas em andamento. Os terroristas se disfarçam com sofrimentos legítimos, como apontou Salman Rushdie. A reparação dessas injustiças não é o propósito deles — apenas o seu pretexto despudorado.

O que as pessoas que perpetraram o morticínio de 11 de setembro tentavam alcançar não era a reparação das injustiças cometidas contra o povo palestino, ou do sofrimento do povo na maioria dos países do mundo muçulmano. O ataque foi real. Foi um ataque contra a modernidade (a única cultura que torna possível a emancipação da mulher) e, sim, contra o capitalismo. E o mundo moderno, o nosso mundo, revelou-se seriamente vulnerável. Uma resposta armada — na forma de um conjunto complexo e focado de operações contraterroristas; não uma guerra — é necessária. E justificada.

4. A senhora acha que a opinião pública nos Estados Unidos, onde a maioria da população não se dá ao trabalho de votar, pode influenciar as decisões que são tomadas pelo governo a respeito da maneira como responder aos ataques? Como o clima intelectual mudou, se é que mudou, nos Estados Unidos, depois do ataque?

Os Estados Unidos são um país estranho. Seus cidadãos têm um forte traço anárquico e têm também um respeito supersticioso pela legalidade. Cultuam o sucesso amoral e também adoram a pregação moral sobre o certo e o errado. Consideram o governo e a cobrança de impostos atividades altamente suspeitas, quase ilegítimas, mas sua reação mais sincera diante de qualquer crise é sacudir a sua bandeira e afirmar o seu amor incondicional ao seu país e a aprovação dos seus líderes. Acima de tudo, acreditam que os Estados Unidos constituem uma exceção no curso da história da humanidade e estarão sempre isentos das limitações e calamidades usuais que moldam o destino dos demais países.

Neste exato momento, existe um clima ferozmente conformista nos Estados Unidos. As pessoas ficaram surpresas e chocadas com o êxito dos ataques de 11 de setembro. Estão assustadas. E a primeira reação é cerrar fileiras (para usar a imagem militar) e afirmar o seu patriotismo — como se isso tivesse sido posto em dúvida com o ataque. O país está coberto de bandeiras americanas. As bandeiras pendem nas janelas dos apartamentos e casas, cobrem as fachadas de lojas e restaurantes, tremulam em guindastes, caminhões, antenas de carro. Zombar do presidente — um passatempo americano tradicional, qualquer que seja o presidente — é tido como antipatriótico. Jornalistas, alguns poucos, foram demitidos de jornais e revistas. Professores de faculdade foram publicamente advertidos porque, em suas salas de aula, fizeram observações críticas, mesmo as mais ligeiras (como questionar o repentino desaparecimento de Bush no dia do ataque). A autocensura, a mais importante e mais eficaz forma de censura, anda à solta. O debate é identificado como dissidência, o que por sua vez é identificado como deslealdade. Existe um sentimento disseminado de que, nessa emergência nova e em aberto, não podemos nos dar ao "luxo" de nossas liberdades tradicionais. As pesquisas mostram que os "índices de popularidade" de Bush ultrapassam 90% — um índice que se aproxima da popularidade dos líderes das ditaduras do antigo estilo soviético.

Como as opiniões do público em geral poderiam ter qualquer "influência" nas decisões que são tomadas agora pelo governo americano? O que vale a pena notar é como o público é dócil em quase todas as questões de política externa. Essa passividade pode ser uma conseqüência inevitável do triunfo do capitalismo liberal e da sociedade de consumo. Já faz algum tempo, parou de haver qualquer diferença significativa entre os democratas e os republicanos; eles são mais bem compreendidos como duas alas do mesmo partido. (Uma evolução semelhante se observa na Inglaterra, onde agora mal se vê diferença entre o Partido Trabalhista e o Conservador.) A despolitização da maior parte da *intelligentsia* americana reflete apenas conformismo e convergência — o "eu-também-ismo" — da vida política em geral.

Os Estados Unidos são uma sociedade notavelmente tolerante, e também conformista; esse é o paradoxo da cultura política que foi edificada aqui. Mas se houver um outro ataque terrorista dentro das fronteiras dos Estados Unidos no futuro próximo, ainda que com perdas humanas relativamente reduzidas, o dano para o apoio à heterodoxia e à diversidade poderá ser permanente. Algo semelhante a uma lei marcial poderia ser imposto, o que acarretaria a derrocada das proteções constitucionais dos direitos individuais, sobretudo da liberdade de expressão. Por ora, no entanto, permaneço vigilantemente otimista. Um pouco do furor de vingança em curso contra os intelectuais dissidentes, como eu mesma — e somos poucos, infelizmente —, pode logo se dissipar, à medida que as pessoas tenham de se preocupar com problemas reais, como a economia em apuros.

Neste exato momento, pouco se ouve da conversa de caubói do governo Bush, depois do que devem ter sido debates muito candentes, desde o 11 de Setembro, nas mais altas esferas governamentais e militares. Está claro que os nossos senhores da guerra se deram conta de que enfrentamos um "inimigo" extremamente complexo, que não pode ser derrotado por meios antigos. O fato de ter havido hesitação sobre que atitude tomar nada tem a ver com a opinião pública americana, que foi preparada para um castigo imediato.

Só podemos desejar que algo inteligente esteja sendo planejado a fim de tornar nossa população mais segura diante da *jihad* contra a modernidade. E só podemos desejar que o governo Bush, Tony Blair e outros tenham de fato compreendido que seria inútil ou, como eles dizem, contraproducente — além de cruel — bombardear o povo oprimido do Afeganistão e do Iraque ou de outro lugar, em retaliação aos desmandos dos seus tiranos e de lunáticos religiosos no poder. Só podemos desejar...

Um ano depois

Desde o último dia 11 de setembro, o governo Bush diz ao povo americano que os Estados Unidos agora estão em guerra. Mas essa guerra tem uma natureza bastante peculiar. Em razão da natureza do inimigo, parece ser uma guerra sem um fim à vista. Que tipo de guerra é esse?

Há precedentes. Guerras declaradas em anos recentes contra inimigos como o câncer, a pobreza e as drogas são compreendidas como guerras sem fim. Como todos sabem, sempre existirão o câncer, a pobreza e as drogas. E sempre haverá terroristas desprezíveis, terroristas que são assassinos em massa, como aqueles que perpetraram o ataque de 11 de setembro, bem como os combatentes da liberdade que já foram chamados de terroristas (como o governo de Vichy chamava a Resistência Francesa, e o governo do apartheid da África do Sul chamava a ANC e Nelson Mandela), mas posteriormente receberam da história um rótulo novo.

Quando um presidente dos Estados Unidos declara guerra contra o câncer, a pobreza ou as drogas, sabemos que "guerra" é uma metáfora. Será que alguém acha que essa guerra — a que os Estados Unidos declararam contra o terrorismo — é uma metáfora? Mas é, e com conseqüências tremendas. A guerra foi revelada, e não declarada de fato, pois a ameaça é tida como evidente. Guerras verdadeiras não são metáforas. E guerras verdadeiras têm um início e um fim. Mesmo o horrendo e intratável conflito entre Israel e a Palestina um dia vai terminar. Mas a guerra decretada pelo governo Bush jamais terminará. Isso é um sinal de que não é uma guerra, mas sim um pretexto para ampliar o uso do poder americano.

Quando o governo declara guerra contra o câncer, contra a pobreza ou contra as drogas, significa que pede que forças novas sejam mobilizadas para enfrentar os problemas. Significa também que o governo não vai fazer grande coisa para resolvê-los. Quando o governo declara guerra contra o terrorismo — e o terrorismo é uma rede multinacional de inimigos, em larga medida clandestina —, significa que o governo pode fazer o que quiser. Quando ele quiser intervir em algum lugar, vai intervir. Não vai tolerar nenhum limite ao seu poder.

A desconfiança americana de "embaraços" estrangeiros é muito antiga. Mas este governo adotou a posição radical de que *todos* os tratados internacionais são potencialmente contrários aos interesses dos Estados Unidos — pois ao assinar um tratado sobre qualquer coisa (digamos, sobre questões ambientais ou a condução da guerra e o tratamento dos prisioneiros, ou de um tribunal internacional), os Estados Unidos estão se sujeitando a obedecer a convenções que um dia podem ser invocadas a fim de limitar a liberdade de ação americana para fazer aquilo que o governo acha que é do interesse do país. De fato, um tratado é exatamente isto: limita o direito de seus signatários a uma completa liberdade de ação no que concerne ao tema do tratado. Até agora, nenhum Estado-nação respeitável adotou a posição confessada de que esse é um motivo para evitar tratados.

Descrever a nova política externa americana como ações executadas em tempo de guerra é um poderoso desestímulo para criar um debate abrangente sobre o que está acontecendo de fato. Essa relutância em formular perguntas já estava bem patente imediatamente após os ataques de 11 de setembro. Aqueles que fizeram objeções à linguagem de *jihad* usada pelo governo americano (o bem contra o mal, a civilização contra a barbárie) foram acusados de perdoar os ataques, ou pelo menos de legitimar os ressentimentos por trás dos ataques.

Sob o lema "Unidos resistiremos", o chamado à reflexão foi equiparado à dissidência, a dissidência à falta de patriotismo. A indignação conveio aos que tomaram as rédeas da política externa do governo Bush. A aversão ao debate entre as principais figuras dos dois partidos continua aparente nos preparativos das cerimônias comemorativas do aniversário dos ataques — cerimônias que são vistas como a contínua afirmação da solidariedade americana contra o inimigo.

A comparação entre o 11 de setembro de 2001 e o 7 de dezembro de 1941 nunca esteve muito longe do pensamento. Mais uma vez, os Estados Unidos foram objeto de um ataque-surpresa letal que custou muitas vidas — neste caso, civis —, mais do que o número de soldados e marinheiros mortos em Pearl Harbor. Contudo, duvido que alguém tenha pensado que eram necessárias grandes cerimônias comemorativas no dia 7 de dezembro de 1942 para manter o moral alto e unir o país. Na época, tratava-se de uma guerra de verdade e um ano depois ela ainda estava em curso.

Esta agora é uma guerra-fantasma, uma guerra ao gosto do governo Bush e, portanto, prescindível de um aniversário. Tal aniversário serve a diversos propósitos. É um dia de luto. É uma afirmação da solidariedade nacional. Mas de uma coisa podemos ter certeza. Não é um dia de reflexão nacional. Reflexão, já se disse, poderia prejudicar a nossa "clareza moral". É preciso ser simples, claro, unido. Logo, não haverá palavras; ou melhor, haverá palavras emprestadas, como o Discurso de Gettysburg (apoiado pelos dois partidos), oriundo daquela era muito antiga em que a retórica solene ainda era possível. Mas os discursos de Abraham Lincoln não eram só prosa inspiradora. Eram a corajosa afirmação de novos objetivos nacionais no tempo de uma guerra real e terrível. O Segundo Discurso Inaugural ousou anunciar a reconciliação entre o Norte e o Sul que deveria seguir-se à vitória do Norte na Guerra Civil. A primazia do compromisso de terminar a escravidão era o propósito da exaltação da liberdade no Discurso de Gettysburg. Quando os importantes discursos de Lincoln são citados nas cerimônias comemorativas do 11 de Setembro, eles se tornaram — à maneira autenticamente pós-moderna — totalmente esvaziados de sentido. São agora gestos de nobreza, de grandeza de espírito. Tornou-se irrelevante para o que eles foram importantes.

Tudo isso faz parte da imponente tradição do antiintelectualismo americano: a desconfiança do pensamento, das palavras. E serve muito bem aos fins do governo atual. Escondendo-se atrás da impostura de que os ataques de 11 de setembro foram terríveis demais, devastadores demais, dolorosos demais, trágicos demais para se dizer em palavras, ou de que as palavras não poderiam fazer justiça à nossa dor e indignação, os nossos líderes acharam uma desculpa perfeita para se embandeirarem com palavras alheias, esvaziadas de todo conteúdo. Dizer algo poderia ser polêmico. Poderia até derivar em alguma forma de afirmação e, portanto, suscitar uma réplica. Não falar nada é o melhor.

Claro, haverá fotos. Muitas fotos. Assim como palavras antigas serão recicladas, também o serão as fotos de um ano atrás.

Uma foto, como todos sabem, vale mil palavras. Vamos reviver o acontecimento. Haverá entrevistas com os sobreviventes e com os membros das famílias dos que morreram nos ataques. É tempo de "closura" nos jardins do Ocidente. (Eu achava que o item de mistificação verbal que representava a grande ameaça atual à seriedade e à justiça era "elitismo". Passei a achar que "closura" é igualmente tolo e odioso.) Alguns chegarão à "closura". Outros vão recusá-la, terão de continuar com o luto. Autoridades municipais lerão em alto e bom som os nomes dos que morreram nas Torres Gêmeas — uma versão oral do monumento do luto mais admirado nos Estados Unidos, a tela de pedra preta interativa de Maya Lin, em Washington D.C., na qual estão gravados (para ler, para tocar) os nomes de todos os americanos que morreram no Vietnã. Outros toques de magia lingüística vão seguir-se, como a decisão recém-anunciada de que o aeroporto internacional do outro lado do rio em Nova Jersey, de onde o vôo 93 da United decolou na sua viagem funesta, será chamado daqui por diante Aeroporto da Liberdade de Newark.

Permitam que eu seja mais clara ainda. Não ponho em dúvida que exista um inimigo perverso, abominável, que se opõe à maioria das coisas que prezo — inclusive a democracia, o pluralismo, o secularismo, a igualdade absoluta dos sexos, homens sem barba, a dança (de todo tipo), roupas sumárias e, digamos, diversão. Não ponho em dúvida, nem por um segundo, o dever do governo americano, como de qualquer governo, de proteger a vida de seus cidadãos. O que ponho em dúvida é a pseudodeclaração de uma pseudoguerra. Essas ações necessárias não deveriam ser chamadas de "guerra". Não existem guerras intermináveis. Mas existem declarações da ampliação do poder de um Estado que acha que não pode ser contestado.

Os Estados Unidos têm todo o direito de perseguir os que perpetraram esses crimes e os seus cúmplices. Mas tal determinação não é necessariamente uma guerra. Compromissos militares limitados, com foco bem definido, no exterior, não se traduzem como um "tempo de guerra" dentro do território do próprio país. Há maneiras melhores de deter os inimigos dos Estados Unidos, maneiras menos destrutivas em relação aos direitos constitucionais e aos acordos internacionais que servem ao interesse público de todos, do que continuar a invocar a idéia perigosa, lobotomizante, de uma guerra interminável.

Fotografia: uma pequena suma

1. Fotografia é, antes de tudo, um modo de ver. Não é a visão em si mesma.

2. É a maneira inelutavelmente "moderna" de ver — predisposta em favor de projetos de descoberta e inovação.

3. Essa maneira de ver, que agora tem uma longa história, molda aquilo que procuramos perceber e estamos habituados a distinguir nas fotografias.

4. A maneira moderna de ver é ver em fragmentos. Tem-se a sensação de que a realidade é essencialmente ilimitada e o conhecimento não tem fim. Segue-se que todas as fronteiras, todas as idéias unificadoras têm de ser enganosas, demagógicas; na melhor hipótese, temporárias; a longo prazo, quase sempre falsas. Ver a realidade à luz de certas idéias unificadoras tem a vantagem inegável de dar forma e feição à nossa experiência. Mas também — assim nos instrui a maneira moderna de ver — nega

a infinita variedade e complexidade do real. Desse modo reprime a nossa energia, a rigor o nosso direito, de refazer o que queremos refazer — a nossa sociedade, nós mesmos. O que é liberador, assim nos dizem, é perceber cada vez mais.

5. Numa sociedade moderna, as imagens feitas por câmeras são o principal acesso a realidades das quais não temos experiência direta de espécie alguma. E se espera que recebamos e registremos um número ilimitado de imagens daquilo que não experimentamos de forma direta. A câmera define para nós o que permitimos que seja "real" — e empurra continuamente para adiante as fronteiras do real. Os fotógrafos são especialmente admirados se revelam verdades ocultas sobre si mesmos ou conflitos sociais que não foram plenamente cobertos pela imprensa, em sociedades ao mesmo tempo próximas e distantes de onde vivem os espectadores.

6. Na maneira moderna de conhecer, é preciso que haja imagens para que algo se torne "real". Fotos identificam eventos. Fotos conferem importância aos eventos e os tornam memoráveis. Para uma guerra, uma atrocidade, uma pandemia, um assim chamado desastre natural tornar-se objeto de ampla preocupação, é preciso alcançar pessoas por meio de vários sistemas (desde a televisão e a internet até jornais e revistas) que difundem imagens fotográficas aos milhões.

7. Na maneira moderna de ver, a realidade é antes de tudo aparência — a qual está sempre mudando. Uma foto registra a aparência. O registro da fotografia é o registro da mudança, da destruição do passado. Como somos modernos (e se temos o hábito de olhar fotos, somos modernos por definição), compreendemos que todas as identidades são construções. A única realida-

de irrefutável — e nossa melhor pista para a identidade — é a aparência que as pessoas têm.

8. Uma foto é um fragmento — um relance. Acumulamos relances, fragmentos. Todos nós estocamos mentalmente centenas de imagens fotográficas, que podem ser lembradas de modo instantâneo. Todas as fotos aspiram à condição de ser memoráveis — ou seja, inesquecíveis.

9. Na visão que nos define como modernos há um número infinito de detalhes. Fotos são detalhes. Portanto, fotos se parecem com a vida. Ser moderno é viver extasiado pela autonomia selvagem do detalhe.

10. Conhecer é, antes de tudo, reconhecer. O reconhecimento é a forma do conhecimento que agora se identifica com a arte. As fotos das terríveis crueldades e injustiças que afligem a maioria das pessoas do mundo parecem nos dizer — a nós, que somos privilegiados e estamos relativamente seguros — que temos de ser despertados; que temos de querer que se faça algo a fim de cessarem tais horrores. E há também fotos que parecem reclamar um tipo diferente de atenção. Para esse corpo de obra em andamento, a fotografia não é uma espécie de agitação moral ou social, destinada a nos incitar a sentir e a agir, mas sim um projeto de notação. Olhamos, registramos, reconhecemos. Essa é uma maneira mais fria de olhar. É a maneira de olhar que identificamos como arte.

11. A obra de alguns dos melhores fotógrafos socialmente engajados é muitas vezes reprovada, caso se pareça muito com arte. E a fotografia entendida como arte pode incorrer numa reprovação paralela — a de que amortece a preocupação. Mostra-

nos fatos, situações e conflitos que temos de deplorar e nos pede que fiquemos distantes. Pode nos mostrar algo realmente medonho e ser um teste do que nosso olhar consegue suportar e que temos o dever de aceitar. Ou muitas vezes — isto é verdade para boa parte da melhor fotografia atual — nos convida a olhar para a banalidade. Olhar para a banalidade e também apreciá-la, apoiados nos hábitos de ironia bastante desenvolvidos ratificados nas justaposições surreais de fotos típicas de exposições e livros sofisticados.

12. A fotografia — a forma suprema de viajar, de turismo — é o principal meio moderno de ampliar o mundo. Como um ramo da arte, o projeto da fotografia de ampliação do mundo tende a especializar-se em temas tidos por contestadores, transgressivos. Uma foto pode estar nos dizendo: isso também existe. E isso. E isso. (E tudo isso é "humano".) Mas o que devemos fazer com esse conhecimento — se de fato é um conhecimento sobre, digamos, o eu, sobre a anormalidade, sobre mundos clandestinos ou relegados ao ostracismo?

13. Chamemos de conhecimento ou chamemos de reconhecimento — de uma coisa podemos ter certeza a respeito desse modo caracteristicamente moderno de experimentar qualquer coisa: a visão e a acumulação de fragmentos de visão nunca podem ser completadas.

14. Não existe uma foto final.

Sobre a tortura dos outros

Há um longo tempo — pelo menos seis décadas —, as fotos têm deixado as marcas de como os conflitos importantes são julgados e lembrados. O museu da memória ocidental é, hoje, sobretudo visual. As fotos têm um poder insuperável para determinar o que recordamos dos fatos, e agora parece provável que a associação determinante das pessoas de todo o mundo com a guerra podre que os Estados Unidos desencadearam de forma preventiva no Iraque no ano passado serão as fotos da tortura dos prisioneiros iraquianos praticada por americanos na mais infame de todas as prisões de Saddam Hussein, Abu Ghraib.

O governo Bush e seus defensores procuraram acima de tudo limitar um desastre de relações públicas — a disseminação das fotos —, em vez de enfrentar os complexos crimes de liderança e de estratégia revelados pelas fotos. Antes de tudo, houve o deslocamento da realidade para as fotos em si. A reação inicial do governo foi dizer que o presidente estava chocado e indignado com as fotos — como se o erro ou o horror estivesse nas imagens, não no que elas retratam. Evitou-se também a palavra "tortura". Os prisioneiros foram talvez objetos de "maus-tratos", ou até de "humilhação" — isso foi o máximo que se admitiu. "Minha impressão é de que, até agora, se trata de uma acusação de maus-tratos, o que creio ser tecnicamente diferente de tortura", disse o secretário de Defesa Donald Rumsfeld numa entrevista coletiva. "E, portanto, não vou usar a palavra 'tortura'."

Palavras alteram, palavras acrescentam, palavras subtraem. Foi a insistência em evitar a palavra "genocídio", enquanto cerca de 800 mil tútsis em Ruanda estavam sendo massacrados, durante poucas semanas, pelos seus vizinhos hútus, dez anos atrás, que indicou que o governo americano não tinha a menor intenção de fazer nada. Recusar-se a chamar o que ocorreu em Abu Ghraib — e aconteceu em outros locais do Iraque e do Afeganistão, e na baía de Guantánamo — pelo seu nome verdadeiro, tortura, é tão escandaloso quanto a recusa de chamar o genocídio de Ruanda de genocídio. Aqui está uma das definições de tortura contidas na convenção da qual os Estados Unidos são signatários: "Qualquer ato mediante o qual uma dor ou um sofrimento forte, físico ou mental, é causado intencionalmente a uma pessoa, com propósitos como obter dela ou de uma terceira pessoa alguma informação ou uma confissão". (A definição provém da Convenção contra a Tortura e Outros Tratamentos ou Penas Cruéis, Desumanos ou Degradantes, de 1984. Definições semelhantes existiram durante algum tempo em leis consuetudinárias e em tratados, a começar pelo Artigo 3 — comum às quatro Convenções de Genebra, de 1949 — e muitas convenções de direitos humanos recentes.) A convenção de 1984 declara: "Nenhuma circunstância excepcional, qualquer que seja ela, mesmo um estado de guerra ou uma ameaça de guerra, instabilidade política interna ou qualquer emergência pública, pode ser invocada como justificativa da tortura". E todos os acordos sobre tortura fazem referência ao tratamento destinado a humilhar a vítima, como deixar prisioneiros nus em celas e corredores.

Qualquer que seja a ação que esse governo implemente a fim de reduzir os prejuízos da ampla divulgação da tortura de prisioneiros em Abu Ghraib e outros locais — processos, cortes marciais, exoneração desonrosa, demissão de autoridades militares em altos cargos e de funcionários do governo, além de uma substancial compensação às vítimas —, é provável que a palavra "tortura" continue banida. Reconhecer que americanos torturam seus prisioneiros seria contradizer tudo o que esse governo pediu que o público acreditasse a respeito da virtude das intenções americanas e da universalidade dos valores americanos, o que é a suprema e triunfalista justificativa do direito americano a uma ação unilateral no mundo, em defesa de seus interesses e segurança.

Mesmo quando o presidente foi por fim coagido a usar a palavra "pesaroso", em vista da ampliação e exacerbação da má reputação dos Estados Unidos em todo o mundo, o foco do pesar ainda parecia ser o estrago causado à pretensão americana de uma superioridade moral, ao seu objetivo hegemônico de levar "a liberdade e a democracia" ao ignorante Oriente Médio. Sim, o senhor Bush disse em Washington no dia 6 de maio, ao lado do rei Abdullah II, da Jordânia, que estava "pesaroso pela humilhação padecida pelos prisioneiros iraquianos e por seus familiares". Mas prosseguiu e disse que estava "igualmente pesaroso porque as pessoas que viram essas fotos não compreenderam a verdadeira natureza e coração dos Estados Unidos".

O fato de o esforço americano no Iraque ter sido sintetizado por essas imagens deve parecer "injusto" para aqueles que viam alguma justificativa numa guerra que de fato derrubou um dos tiranos monstruosos dos tempos modernos. Uma guerra, uma ocupação, é inevitavelmente uma imensa tapeçaria de ações. O que torna algumas ações representativas e outras não? A questão não é se a tortura foi praticada por indivíduos (ou seja, "não por todo mundo"), mas se foi sistemática. Autorizada. Sancionada.

Todas as ações são praticadas por indivíduos. A questão não é se a maioria ou a minoria dos americanos pratica tais atos, mas se a natureza da política desenvolvida por esse governo e as hierarquias aplicadas para implementá-la tornam tais atos prováveis.

Vistas sob essa luz, as fotos *somos* nós. Ou seja, são representativas da corrupção fundamental de qualquer ocupação estrangeira associada à política distintiva do governo Bush. Os belgas no Congo, os franceses na Argélia, praticaram tortura e humilhações sexuais em desprezados nativos recalcitrantes. Acrescentemos a essa corrupção genérica o desconcertante e quase total despreparo dos governantes americanos do Iraque para lidar com as realidades complexas do país após a sua "liberação" — ou seja, conquista. E acrescentemos a isso as doutrinas abrangentes do governo Bush, em especial a doutrina de que os Estados Unidos entraram numa guerra sem fim (contra um inimigo polimorfo chamado "terrorismo") e que as pessoas presas nessa guerra são, se o presidente assim decidir, "combatentes ilegais" — uma política formulada por Donald Rumsfeld já em janeiro de 2002 —, e assim, segundo Rumsfeld, "tecnicamente sem nenhum direito à Convenção de Genebra", e temos uma receita perfeita para os crimes e as crueldades cometidas contra milhares de pessoas encarceradas sem julgamento e sem acesso a advogados em prisões dirigidas por americanos, criadas a partir dos ataques de 11 de setembro de 2001.

Portanto, a questão real não são as fotos em si, mas o que as fotos revelam que aconteceu com "suspeitos" sob custódia de americanos? Não: o horror do que é mostrado nas fotos não pode ser separado do horror do fato de as fotos terem sido tiradas — com os perpetradores fazendo pose, caras de contentes, sobre os seus cativos indefesos. Os soldados alemães na Segunda Guerra Mundial tiraram fotos das atrocidades que estavam cometendo na Polônia e na Rússia, mas instantâneos em que os carrascos se colocavam entre as suas vítimas são extremamente raros, como se pode ver em *Fotografando o Holocausto*, de Janina Struk. Se há algo comparável ao que essas fotos mostram, talvez sejam as fotos de vítimas negras de linchamento tiradas entre 1880 e 1930, que mostram americanos sorrindo embaixo do corpo mutilado e queimado de um homem ou de uma mulher negra, pendurado numa árvore às suas costas. As fotos de linchamento eram suvenires de uma ação coletiva, cujos participantes se sentiam perfeitamente justificados naquilo que tinham feito. Assim são as fotos de Abu Ghraib.

Se existe uma diferença, é uma diferença criada pela crescente ubiqüidade de ações fotográficas. As fotos de linchamento eram da natureza das fotos como troféus — tiradas por um fotógrafo a fim de ser colecionadas, guardadas em álbuns, mostradas. As tiradas por soldados americanos em Abu Ghraib, porém, refletem uma mudança no uso feito de fotos — menos objetos que se devem salvar do que mensagens que se devem disseminar, difundir. Uma câmera digital é um bem comum entre soldados. Onde antes a fotografia de guerra constituía um domínio de repórteres-fotográficos, agora os próprios soldados são fotógrafos completos — registram a sua guerra, a sua diversão, as suas observações do que acham pitoresco, as suas atrocidades — e trocam fotos entre si, enviam fotos por e-mail para o mundo inteiro.

Há cada vez mais registros daquilo que as pessoas fazem, registros obtidos por elas mesmas. Pelo menos ou especialmente nos Estados Unidos, o ideal de Andy Warhol de filmar fatos reais em tempo real — a vida não é editada, por que seu registro deveria ser? — tornou-se uma norma para incontáveis sites da internet, nos quais as pessoas registram o seu dia, cada um no seu *reality show* particular. Aqui estou eu — andando, bocejando, me espreguiçando, escovando os dentes, tomando o café-da-manhã, levando os filhos à escola. As pessoas registram todos os aspectos da sua vida, guardam em arquivos de computador e despacham os arquivos para toda parte. A vida familiar caminha junto com o registro da vida familiar — mesmo, ou sobretudo, quando a família se acha nos estertores de uma crise ou numa grande infelicidade. Sem dúvida, a dedicada e incessante produção de vídeos domésticos em que uns filmavam os outros, em conversas ou em monólogos, ao longo de muitos anos, constituiu o material mais impressionante em *Capturing the Friedmans* (2003), documentário de Andrew Jarecki sobre uma família de Long Island envolvida em processos de pedofilia.

Uma vida erótica é, para um número cada vez maior de pessoas, aquilo que pode ser captado em fotos digitais e em vídeo. E talvez a tortura seja mais atraente, como algo para registrar, quando contém um componente sexual. À medida que mais fotos de Abu Ghraib se oferecem ao público, revela-se com certeza que as fotos de tortura aparecem intercaladas com imagens pornográficas em que soldados americanos se mostram fazendo sexo entre si. De fato, a maioria das fotos de tortura tem um tema sexual, como na que mostra a coerção de prisioneiros a praticarem, ou simularem, atos sexuais entre si. Uma exceção, já canônica, é a foto de um homem obrigado a ficar de pé sobre uma caixa, de capuz e envolto em fios elétricos, a quem informaram que seria eletrocutado se caísse. Contudo, fotos de prisioneiros mantidos em posições dolorosas, ou obrigados a ficar de pé com os braços abertos, são raras. Não dá para contestar que sejam tortura. Basta olhar para o terror no rosto da vítima. Mas a maioria das fotos parece parte de uma confluência mais vasta de tortura e pornografia: uma jovem conduzindo um homem nu por uma coleira é uma imagem clássica da dominadora. E nos perguntamos em que medida as torturas sexuais infligidas aos presos em Abu Ghraib se inspiraram no vasto repertório de imagens pornográficas disponível na internet — imagens que pessoas comuns tentaram emular, enviando elas mesmas os seus arquivos de computador.

Viver é ser fotografado, ter um registro da sua vida e, portanto, continuar a viver inconsciente, ou fingindo não ter consciência, das atenções incessantes da câmera. Mas viver é também posar. Agir é participar da comunidade de ações registradas como imagens. A expressão de satisfação com os atos de tortura infligidos a vítimas nuas, indefesas, amarradas é apenas uma parte da história. Há a profunda satisfação de ser fotografado, à qual hoje as pessoas estão mais inclinadas a reagir não com um olhar duro e direto (como acontecia antigamente), mas com alegria. Os fatos destinam-se, em parte, a ser fotografados. O sorriso é um sorriso para a câmera. Ficaria faltando alguma coisa se, depois de fazer uma pilha de homens nus, não se pudesse tirar uma foto deles.

Ao olhar para essas fotos, nos perguntamos: como alguém pode sorrir diante do sofrimento e da humilhação de outro ser humano? Atiçar cães de guarda contra os órgãos genitais e as pernas de prisioneiros nus agachados? Prisioneiros encapuzados, algemados, obrigados a se masturbarem ou simular sexo oral uns com os outros? E nos sentimos ingênuos ao perguntar, pois a resposta é, obviamente, que as pessoas fazem isso umas com as outras. Estupro e dor causada nos órgãos genitais estão entre as formas de tortura mais comuns. Não só nos campos de concentração nazistas e em Abu Ghraib, quando era dirigido por Saddam Hussein. Americanos também agiram e agem assim quando recebem ordens, ou quando são levados a sentir que as pessoas sobre as quais têm um poder absoluto merecem ser humilhadas, atormentadas. Agem assim quando são levados a crer que as pessoas que estão torturando pertencem a uma raça ou religião inferior. Pois o sentido dessas fotos não é só que tais atos foram praticados, mas que os seus perpetradores parecem não ter a menor idéia de que haja algo errado no que as fotos mostram.

E mais estarrecedor ainda, uma vez que as fotos destinavam-se a ser difundidas e vistas por muita gente: tudo era diversão. E essa idéia de diversão, infelizmente, cada vez mais — ao contrário do que o sr. Bush anda dizendo para o mundo —, faz parte da "verdadeira natureza e coração dos Estados Unidos". É difícil medir a crescente aceitação da brutalidade na vida americana, mas sua evidência está em toda parte, a começar pelos videogames de matança que são o principal entretenimento dos meninos — não há de estar muito longe o lançamento do videogame *Interrogando os terroristas* — e vai até a violência que se tornou endêmica nos ritos grupais de jovens, com um ímpeto exuberante. O crime violento está em baixa, contudo o prazer fácil derivado da violência parece ter aumentado. Desde os tormentos dolorosos infligidos a estudantes calouros em muitas faculdades americanas do subúrbio — retratados no filme de Richard Linklater *Tontos e confusos* (1993) —, até os rituais de trote de brutalidade física e humilhação sexual em fraternidades das faculdades e em equipes esportivas, os Estados Unidos tornaram-se um país em que as fantasias e as práticas da violência são vistas como um bom entretenimento, uma diversão.

O que antes era segregado como pornografia, como o exercício de desejos sadomasoquistas radicais — como no último e inassistível filme de Pier Paolo Pasolini, *Salò* (1975), que retrata orgias de tortura no reduto fascista ao norte da Itália no fim da era Mussolini —, agora está sendo normalizado pelos apóstolos da nova, imperial, belicosa América, como brincadeiras de júbilo ou descontração. "Empilhar homens nus" é semelhante a uma brincadeira de fraternidade universitária, disse por telefone um ouvinte no programa de Rush Limbaugh, e também os muitos milhões de americanos que ouvem o seu programa de rádio. Podemos nos perguntar: será que essa pessoa de fato viu as fotografias? Não importa. O comentário — ou será uma fantasia? — acertou em cheio. O que talvez ainda seja capaz de chocar alguns americanos é a reação de Limbaugh: "Exatamente!", exclamou ele. "É exatamente isso o que penso. Não é nem um pouco diferente do que acontece na recepção de calouros na sociedade secreta de estudantes Crânio e Caveira, na Universidade de Yale, e vamos arruinar a vida das pessoas por causa disso, e vamos criar embaraços para o nosso esforço militar, e vamos então de fato marretá-los porque eles estão se divertindo?" "Eles" são os soldados americanos, os torturadores. E Limbaugh prossegue: "Sabe, essas pessoas estão sob o fogo inimigo todos os dias. Eu estou falando de pessoas que se divertem, é o caso delas. Já ouviram falar em alívio emocional?".

É provável que um número bem grande de americanos prefira pensar que não há nenhum problema em torturar e humilhar outros seres humanos — que, na condição de nossos inimigos supostos ou suspeitos, perderam todos os seus direitos — a reconhecer a loucura, a incompetência e o engodo da aventura americana no Iraque. Quanto ao fato de a tortura e a humilhação sexual serem vistas como diversão, parece haver pouca oposição a essa tendência, enquanto os Estados Unidos continuam a tornar-se um Estado militarizado, onde os patriotas se definem como aqueles que têm um respeito incondicional pelo poder armado e pela necessidade de máxima vigilância doméstica. E essas fotos que os americanos distribuíram anunciam ao mundo choque e terrível estupefação: um padrão de comportamento criminoso em franco desacato às convenções humanitárias internacionais. Soldados agora posam, com o polegar para cima, perante as atrocidades que cometem, e enviam as fotos para seus companheiros. Deveríamos ficar totalmente surpresos? Em nossa sociedade, na qual antigamente se fazia de tudo para esconder os segredos da vida privada, agora as pessoas clamam para ser convidadas a um programa de tevê a fim de justamente revelar tais segredos. O que essas fotos ilustram é tanto a cultura da falta de vergonha como a reinante admiração da brutalidade que não pede desculpas.

A idéia de que desculpas ou profissões de "pesar" feitas pelo presidente e pela secretária de Defesa são uma reação suficiente constitui um insulto ao nosso senso histórico e moral. A tortura de prisioneiros não é uma aberração. É uma conseqüência direta da doutrina "ou está conosco ou está contra nós" de conflito mundial, com a qual o governo Bush procurou mudar, e mudar radicalmente, a postura internacional dos Estados Unidos e reformular muitas instituições e prerrogativas domésticas. O governo Bush envolveu o país numa doutrina de guerra pseudo-religiosa, de guerra interminável — pois a "guerra contra o terror" nada mais é do que isso. O que aconteceu no novo império carcerário internacional dirigido pelas Forças Armadas dos Estados Unidos ultrapassa os famigerados procedimentos da Ilha do Diabo francesa ou do sistema do Gulag da União Soviética, que no caso da ilha penal francesa contavam, primeiro, com processos e sentenças judiciais, e no caso do império prisional russo, com uma acusação de algum tipo e uma sentença de um número específico de anos. Trava-se uma guerra sem fim para justificar encarceramentos sem fim. As pessoas presas no império penal extralegal americano são "detidas"; "prisioneiras", palavra que acaba de se tornar obsoleta, poderia sugerir que elas têm os direitos conferidos pelas leis internacionais e pelas leis de todos os países civilizados. Essa interminável "guerra global contra o terrorismo" — na qual tanto a bastante justificável invasão do Afeganistão e a invencível insensatez do Iraque foram incluídas por um decreto do Pentágono — leva inevitavelmente à demonização e à desumanização de qualquer pessoa que o governo Bush declare ser um possível terrorista: uma definição que não é objeto de debate e, na verdade, é em geral feita em segredo.

Como não existem acusações contra a maioria das pessoas detidas nas prisões no Iraque e no Afeganistão — a Cruz Vermelha informa que entre 70% e 90% dos presos parecem não ter cometido nenhum crime, exceto simplesmente estar no lugar errado na hora errada, recolhidos em alguma leva de "suspeitos" —, a principal justificativa para mantê-los presos é um "interrogatório". Interrogatório sobre o quê? Sobre qualquer coisa. O que quer que o preso saiba. Se o interrogatório é o motivo para deter prisioneiros por um tempo indefinido, então a coerção física, a humilhação e a tortura tornam-se inevitáveis.

Lembremos: não estamos falando daquele caso raríssimo, a situação "bomba-relógio", que é às vezes usada como caso-limite que justifica a tortura de presos que possuem um conhecimento de um ataque iminente. Trata-se de uma coleta de informações inespecífica ou genérica, sancionada pelas Forças Armadas americanas e pelos governantes civis a fim de saber mais a respeito de um nebuloso império de malfeitores, sobre os quais os americanos não sabem quase nada, em países sobre os quais eles são especialmente ignorantes: em princípio, toda e qualquer informação pode ser útil. Um interrogatório que não produz nenhuma informação (não importa em que consista essa informação) será considerado um fracasso. Por isso é mais justificável ainda que se preparem os prisioneiros para falar. Amolecer os prisioneiros, deixá-los debilitados — são eufemismos para as práticas bestiais nas prisões americanas onde suspeitos de terrorismo estão detidos. Infelizmente, parece que são muitos aqueles que ficam debilitados demais e morrem.

 As fotos não vão desaparecer. Essa é a natureza do mundo digital em que vivemos. De fato, parece que elas eram necessárias para levar os nossos líderes a reconhecer que tinham um problema nas mãos. Afinal, as conclusões dos relatórios compilados pelo Comitê Internacional da Cruz Vermelha e outros relatos feitos por jornalistas e protestos apresentados por organizações humanitárias sobre os castigos atrozes infligidos aos "detidos" e "suspeitos de terrorismo" nas prisões dirigidas pelas Forças Armadas americanas, primeiro no Afeganistão e depois no Iraque, já circulavam havia mais de um ano. Parece duvidoso que tais relatórios tenham sido lidos pelo sr. Bush, pelo sr. Cheney, pela sra. Rice ou pelo sr. Rumsfeld. Ao que parece, foi preciso que as fotos surgissem para que a atenção deles despertasse, quando ficou claro que elas não poderiam ser apagadas; foram as fotos que tornaram tudo isso "real" para o presidente e seus associados. Até então, só havia palavras, que são mais fáceis de encobrir, em nossa era de auto-reprodução e autodisseminação digitais infinitas, e, portanto, muito mais fáceis de esquecer.

 Assim, as fotos agora continuarão a nos "agredir" — como muitos americanos são forçados a sentir. Será que as pessoas irão se acostumar com elas? Alguns americanos andam dizendo que já viram demais. Porém o resto do mundo pensa diferente. Guerra interminável: fluxo de fotos interminável. Será que os editores irão agora debater se devem mostrar mais fotos, ou se mostrá-las sem cortes (o que, no caso de algumas das mais conhecidas imagens, como a de um homem encapuzado sobre uma caixa, forma uma imagem diferente e, em certos exemplos, mais aterradora) seria "mau gosto" ou implicitamente político demais? Por "político" entenda-se: "crítico" do projeto imperial do governo Bush.

Pois não pode haver nenhuma dúvida de que as fotos prejudicam, como atestou o sr. Rumsfeld, "a reputação dos homens e mulheres honrados das Forças Armadas que estão corajosamente e com toda a responsabilidade e profissionalismo defendendo a nossa liberdade em todo o mundo". Esse prejuízo — à nossa reputação, nossa imagem, nosso sucesso como única superpotência — é aquilo que o governo Bush deplora acima de tudo. Como a proteção da "nossa liberdade" — a liberdade de 5% da humanidade — chegou ao ponto de exigir a presença de soldados americanos em todo o mundo é uma questão nunca discutida pelos nossos governantes eleitos. Os Estados Unidos vêem a si mesmos como uma vítima do terror futuro ou potencial. Os Estados Unidos estão apenas se defendendo, contra inimigos furtivos e implacáveis.

A reação violenta já começou. Os americanos estão sendo advertidos por se entregarem a uma orgia de autocondenação. A contínua publicação das fotos está sendo vista por muitos americanos como uma sugestão de que não temos o direito de nos defender: afinal, eles (os terroristas) começaram. Eles — Osama bin Laden? Saddam Hussein? Qual a diferença? — nos atacaram primeiro. James Inhofe, de Oklahoma, membro republicano do Comitê do Serviço Militar do Senado, diante do qual o secretário Rumsfeld prestou testemunho, confessou que tinha certeza de que ele não era o único membro do comitê "mais ultrajado pelo ultraje" das fotos do que pelo que as fotos mostravam. "Esses prisioneiros, sabe", explicou o senador Inhofe, "não estão lá por uma violação das regras de trânsito. Se eles estão no bloco de celas 1-A ou 1-B, esses prisioneiros são assassinos, são terroristas, são insurgentes. Muitos deles provavelmente têm sangue americano nas mãos, e nós vamos ficar preocupados aqui com o tratamento recebido por esses elementos?" É culpa da "mídia", que está provocando e vai continuar a provocar mais violência contra os americanos em todo o mundo. Mais americanos vão morrer. Por causa dessas fotos.

Seria um grande erro deixar que tais revelações da autorização da tortura, autorização feita pelas forças militares americanas e pelas autoridades civis americanas, na "guerra global contra o terrorismo" se tornem uma questão de guerra de — e contra — imagens. Os americanos estão morrendo não por causa das fotos, mas por causa daquilo que as fotos mostram que está acontecendo, acontecendo sob as ordens e com a cumplicidade de uma cadeia de comando que chega aos níveis mais altos do governo Bush. Mas a distinção entre foto e realidade — como entre enquadrar o assunto de um ângulo favorável na imprensa e uma estratégia política — pode evaporar-se facilmente. E é isso o que o governo Bush quer que aconteça.

"Existem muito mais fotos e vídeos", admitiu o sr. Rumsfeld em seu depoimento. "Se forem liberadas para o público, obviamente a situação irá piorar." Piorar para o governo e seus projetos, supostamente, não para aqueles que são as efetivas — e potenciais — vítimas da tortura.

A mídia pode se autocensurar, mas como reconhece o sr. Rumsfeld é difícil censurar os soldados que estão em outros países, que não escrevem cartas para casa, como antigamente, cartas que podem ser abertas por censores militares que riscam os trechos inaceitáveis. Em vez disso, os soldados de hoje agem como turistas, conforme disse o sr. Rumsfeld, "saem por aí com câmeras digitais e tiram essas fotos inacreditáveis e depois as enviam, contra a lei, para a mídia, para a nossa surpresa". O esforço do governo para reter as fotos se dá em diversas frentes ao mesmo tempo. No momento, a discussão está assumindo uma feição legalista: as fotos são agora classificadas como provas para futuros processos criminais, cujo resultado pode ser prejudicado se elas forem divulgadas. O presidente republicano do Comitê do Serviço Militar do Senado, John Warner, da Virgínia, depois da apresentação das fotos em *slides*, no dia 12 de maio, mostrando seguidas imagens de humilhação e violência sexual contra prisioneiros iraquianos, disse estar "firmemente convencido" de que as novas fotos "não devem ser divulgadas. Creio que isso poderia pôr em perigo os homens e as mulheres das Forças Armadas, pois estão em atividade e sob grande risco".

Mas a verdadeira iniciativa de limitar o acesso às fotos virá do esforço contínuo de proteger o governo e encobrir os nossos desmandos no Iraque — identificar o "ultraje" das fotos com uma campanha para minar o poder militar americano e os propósitos a que ele atualmente serve. Assim como muitos achavam que as imagens de soldados americanos mortos durante a invasão e a ocupação do Iraque que apareciam na televisão eram uma crítica implícita da guerra, divulgar as novas fotos e macular mais ainda a imagem dos Estados Unidos será entendido, de modo crescente, como impatriótico.

Afinal, estamos em guerra. Guerra interminável. E a guerra é um inferno maior do que as pessoas que nos colocaram nessa guerra podre parecem ter planejado. Em nossa sala de espelhos digital, as fotos não vão desaparecer. Sim, parece que uma foto vale mil palavras. E mesmo que nossos líderes prefiram não olhar para elas, haverá outros milhares de instantâneos e de vídeos. Incontroláveis.

A consciência das palavras
Discurso ao receber o prêmio Jerusalém

Nós, escritores, ficamos preocupados por causa de palavras. Palavras significam. Palavras apontam. São flechas. Flechas cravadas na pele dura da realidade. E quanto mais portentosa, mais geral for a palavra, mais também se parecerá com um quarto ou um túnel. Elas podem expandir-se, ou bater em retirada. Podem impregnar-se de mau cheiro. Muitas vezes nos farão lembrar outros quartos, onde gostaríamos de morar, ou onde achamos que já estamos vivendo. Elas podem ser espaços onde não podemos habitar, pois perdemos a arte ou a sabedoria para tal. E por fim aqueles volumes de intenção mental que não sabemos mais como residir serão abandonados, lacrados com tábuas, trancados.

O que queremos dizer, por exemplo, com a palavra "paz"? Uma ausência de conflito? Um esquecimento? Perdão? Ou um grande cansaço, uma exaustão, um esvaziamento do rancor?

Parece-me que o que a maioria das pessoas entende por "paz" é a vitória. A vitória do *seu* lado. É isso o que "paz" significa para "eles", enquanto, para os outros, paz quer dizer derrota.

Se predominar a idéia de que paz, embora em princípio desejada, acarreta uma inaceitável renúncia de demandas legítimas, então o rumo mais plausível será a prática da guerra por todos os meios possíveis. Se não fraudulentos, os apelos de paz serão tidos certamente como prematuros. A paz se torna um espaço onde as pessoas não sabem mais como habitar. A paz tem de ser re-povoada. Re-colonizada...

E o que entendemos por "honra"?

Honra como um exigente padrão de conduta privada parece pertencer a um tempo muito remoto. Mas o costume de conferir honrarias — lisonjear a nós mesmos e uns aos outros — continua inabalável.

Conferir uma honraria é confirmar um padrão que, supostamente, compartilhamos e defendemos. Aceitar uma honraria é acreditar, por um momento, que o merecemos. (O máximo que podemos dizer, com toda a decência, é que não somos *indignos* da homenagem.) Recusar uma honraria parece rude, insociável, pretensioso.

Um prêmio acumula honraria — e a capacidade de conferir honrarias — pelas escolhas anteriores de seus vencedores.

Segundo esse critério, examinemos o polemicamente chamado prêmio Jerusalém, que na sua história relativamente breve foi conferido a alguns dos melhores escritores da segunda metade do século xx. Embora seja, por todos os critérios óbvios, um prêmio literário, não é chamado de prêmio Jerusalém de Literatura, mas prêmio Jerusalém pela Liberdade do Indivíduo na Sociedade.

Será que todos os escritores que ganharam o prêmio lutaram de fato pela Liberdade do Indivíduo na Sociedade? Será isso o que eles — agora devo dizer "nós" — têm em comum?

Creio que não.

Eles não representam apenas um amplo espectro de opiniões políticas. Alguns deles mal tocaram nas Grandes Palavras: liberdade, indivíduo, sociedade...

Mas o que importa não é o que um escritor diz, é o que um escritor *é*.

Escritores — assim denomino os membros da comunidade da literatura — são emblemas da persistência (e da necessidade) de visão individual.

Prefiro usar "*individual*" como adjetivo a usá-la como substantivo.*

A propaganda incessante em nosso tempo em favor do "individual" parece-me profundamente suspeita, pois "individualidade", em si mesma, se torna cada vez mais um sinônimo de egoísmo. Uma sociedade capitalista parece agir em interesse próprio quando elogia a "individualidade" e a "liberdade" — que pode significar pouco mais do que o direito de engrandecimento perpétuo do eu, e a liberdade de fazer compras, adquirir, esgotar, consumir, tornar obsoleto.

Não creio que exista nenhum valor intrínseco no cultivo do eu. E acho que não existe nenhuma cultura (empregando o termo de modo normativo) sem um padrão de altruísmo, de consideração pelos outros. Creio de fato que existe um valor intrínseco em ampliar a nossa idéia do que a vida humana pode ser. Se a literatura me mobilizou como um projeto, primeiro como leitora e depois como escritora, ela é uma extensão da minha solidariedade aos outros eus, aos outros domínios, outros sonhos, outras palavras, outras áreas de preocupação.

Como escritora, criadora de literatura, sou tanto uma narradora como uma pensadora. As idéias me põem em movimen-

---

* *Individual*, em inglês, pode significar individual e indivíduo. (N. T.)

to. Mas romances são feitos não de idéias, e sim de formas. Formas de linguagem. Formas de expressividade. Não tenho uma história na minha cabeça antes de ter uma forma. (Como disse Vladimir Nabokov: "O padrão da coisa precede a coisa".) E — implícita ou tacitamente — romances são feitos da noção que o escritor tem daquilo que a literatura é ou pode ser.

A obra de todo escritor, toda performance literária é uma justificação da literatura em si, ou redunda nisso. A defesa da literatura tornou-se um dos temas principais do escritor. Mas, como observou Oscar Wilde, "uma verdade na arte é aquela cujo oposto é também verdadeiro". Parafraseando Wilde, eu diria: uma verdade sobre a literatura é aquela cujo oposto é também verdadeiro.

Assim, a literatura — e falo de forma prescritiva, não apenas de forma descritiva — é autoconsciência, dúvida, escrúpulo, rigor. É também — de novo, de forma prescritiva e também descritiva — canto, espontaneidade, celebração, êxtase.

Idéias sobre literatura — à diferença das idéias sobre, digamos, o amor — quase sempre surgem como uma reação às idéias de outras pessoas. São idéias reativas.

Digo *isso* porque tenho — ou a maioria das pessoas tem — a impressão de que você está dizendo *aquilo*.

Desse modo quero abrir espaço para uma paixão maior ou para uma prática diferente. Idéias dão permissão — e quero dar permissão a um sentimento e a uma prática diferentes.

Digo isso quando você está dizendo aquilo não só porque os escritores são, às vezes, adversários profissionais. Não só para compensar o inevitável desequilíbrio ou unilateralidade de qualquer prática dotada do caráter de uma instituição — e a literatura é uma instituição —, mas porque a literatura é uma prática enraizada em aspirações intrinsecamente contraditórias.

Minha opinião é que qualquer explicação da literatura é falsa — ou seja, redutora; meramente polêmica. Para falar de forma verdadeira sobre literatura, é preciso falar por meio de paradoxos.

Assim, toda obra de literatura importante, que merece o nome de literatura, encarna um ideal de singularidade, de uma voz singular. Mas a literatura, que é uma acumulação, encarna um ideal de pluralidade, de multiplicidade, de promiscuidade.

Toda idéia de literatura que podemos ter — literatura como engajamento social, literatura como busca de intensidades espirituais privadas, literatura nacional, literatura mundial — é, ou pode tornar-se, uma forma de deleite espiritual, vaidade ou autocongratulação.

A literatura é um sistema — um sistema plural — de padrões, ambições, lealdades. Parte da função ética da literatura é a lição do valor da diversidade.

Claro, a literatura deve agir dentro de fronteiras. (Como todas as atividades humanas. A única atividade sem fronteiras é estar morto.) O problema é que as fronteiras que a maioria das pessoas quer traçar sufocariam a liberdade da literatura de ser o que ela pode ser, com toda a sua inventividade e capacidade de se agitar.

Vivemos numa cultura empenhada em unificar as cobiças, e uma das línguas que compõem a vasta e gloriosa multiplicidade de idiomas do mundo, aquela em que falo e escrevo, é agora a língua dominante. O inglês passou a desempenhar, numa escala mundial e para populações muito maiores dentro dos países do mundo, um papel semelhante ao desempenhado pelo latim na Europa medieval.

Porém, como vivemos numa cultura cada vez mais global e transnacional, estamos também atolados em demandas cada vez mais fragmentadas, feitas por tribos reais ou auto-instituídas há pouco tempo. As antigas idéias humanísticas — da república das letras, da literatura do mundo — estão sob ataque em toda parte. Para alguns, elas parecem ingênuas e marcadas por sua origem no grande ideal europeu — alguns diriam ideal eurocêntrico — de valores universais.

As idéias de "liberdade" e de "direitos" sofreram uma degradação chocante nos anos recentes. Em muitas comunidades, os direitos coletivos têm mais peso do que os direitos individuais.

A esse respeito, o que os criadores de literatura fazem *pode*, implicitamente, fomentar a credibilidade da expressão livre e dos direitos individuais. Mesmo quando os criadores de literatura consagraram a sua obra em favor de tribos ou comunidades a que pertencem, sua realização como escritores depende de conseguir transcender esse objetivo.

As virtudes que tornam um dado escritor importante ou admirável podem, todas elas, ser localizadas no âmbito da singularidade da voz do escritor.

Mas tal singularidade, cultivada em particular e fruto de um longo aprendizado na reflexão e na solidão, é constantemente testada pelo papel social que os escritores se sentem chamados a desempenhar.

Não questiono o *direito* de um escritor empenhar-se em debates sobre questões públicas, de assumir causas comuns e exercitar a solidariedade com pessoas que pensem como ele.

Tampouco quero dizer que tais atividades levam o escritor para muito longe do local interior, solitário, excêntrico, onde se faz a literatura. O mesmo acontece com quase todas as outras atividades que constituem a vida.

Mas uma coisa é participar voluntariamente, movido por imperativos de consciência ou de afeição, do debate público e da ação pública. Outra coisa é emitir opiniões — tiradas moralistas — sob encomenda.

Não: Estou farto de tudo. Mas sim: A favor disso, contra aquilo.

Porém o escritor não deve ser uma máquina de opinar. Como disse um poeta negro do meu país, quando criticado por outros afro-americanos por não escrever poemas sobre as crueldades do racismo, "um escritor não é uma dessas maquininhas em que a gente escolhe a música que vai tocar".

A primeira tarefa do escritor é não ter opiniões, mas dizer a verdade... e recusar-se a ser cúmplice de mentiras e de informações falsas. Literatura é o lar da nuance e da oposição às vozes da simplificação. A tarefa do escritor é tornar mais difícil acreditar nos saqueadores da mente. A tarefa do escritor é nos fazer ver o mundo como é, repleto de muitas e diferentes demandas, partes, experiências.

É tarefa do escritor retratar as realidades: as realidades sórdidas, as realidades que causam enlevo. É da essência da sabedoria fornecida pela literatura (a pluralidade da realização literária) ajudar-nos a compreender que, o que quer que esteja acontecendo, sempre se passa algo mais.

Sou assombrada por esse "algo mais".

Sou assombrada pelo conflito entre os direitos e os valores que prezo. Por exemplo, às vezes, dizer a verdade não favorece a justiça. Às vezes, favorecer a justiça pode acarretar a supressão de boa parte da verdade.

Muitos dos mais notáveis escritores do século XX, em sua atividade como vozes públicas, foram cúmplices da supressão da verdade a fim de favorecer aquilo que entendiam ser (e *era*, em muitos casos) causas justas.

Minha visão pessoal é de que, se eu tiver de escolher entre a verdade e a justiça — claro, não quero escolher —, escolherei a verdade.

* * *

Claro, creio na ação íntegra. Mas será que é o escritor quem age?

São três coisas diferentes: *falar*, o que estou fazendo agora; *escrever*, aquilo que me confere o direito que eu tiver a este prêmio incomparável; e *ser*, ser uma pessoa que acredita na ação solidária com os outros.

Como disse Roland Barthes, certa vez: "Quem *fala* não é quem *escreve* e quem *escreve* não é quem *é*".

E é claro que tenho opiniões, opiniões políticas, algumas formadas com base na leitura e na discussão, e na reflexão, mas não na experiência direta. Permitam-me compartilhar com os senhores duas de minhas opiniões — opiniões bastante previsíveis, à luz das atitudes públicas que tenho tomado em assuntos sobre os quais possuo algum conhecimento direto.

Creio que a doutrina da responsabilidade coletiva, como um argumento para a punição coletiva, nunca é justificada, nem militar, nem eticamente. Refiro-me ao emprego de um poder de fogo desproporcional contra civis, a demolição de suas casas e a destruição de seus pomares e bosques, a supressão dos seus meios de vida e do seu direito a um emprego, à escola, aos serviços médicos, livre acesso às cidades e comunidades vizinhas... tudo como castigo por uma atividade militar hostil que pode estar ou não nos arredores da área habitada por esses civis.

Creio também que não pode haver paz aqui antes que a implantação de comunidades israelenses nos territórios seja suspensa e que depois — mais cedo ou mais tarde — sejam desmanteladas essas colônias, com a retirada das unidades militares lá acumuladas com a finalidade de protegê-las.

Aposto que essas duas opiniões minhas são compartilhadas por muitos aqui neste salão. Para usar uma antiga expressão americana, desconfio que estou pregando para convertidos.

Mas, como escritora, defendo essas duas opiniões? Ou não as defendo como uma pessoa de consciência e depois uso minha posição como escritora para somar minha voz à de outros, dizendo a mesma coisa? A influência que um escritor pode exercer é puramente ocasional. Hoje, é um aspecto da cultura da celebridade.

Há algo de vulgar na disseminação pública de opiniões sobre assuntos a respeito dos quais não se tem um conhecimento direto e amplo. Se falo do que não sei, ou só sei por alto, será um mero tráfico de opiniões.

Digo isso como uma questão de honra, para voltar ao princípio. A honra da literatura. O projeto de ter uma voz individual. Escritores sérios, criadores de literatura, não devem apenas exprimir-se de forma diferente do discurso hegemônico dos meios de comunicação de massa. Eles devem estar em oposição à lengalenga comunal dos telejornais e dos programas de entrevistas.

O problema com as opiniões é que a pessoa fica presa a elas. E toda vez que os escritores agem como escritores, sempre vêem... mais.

O que quer que exista, existe sempre mais. O que quer que esteja acontecendo, algo mais está acontecendo, também.

Se a literatura em si, esse grande projeto que foi conduzido (até onde podemos abarcar) ao longo de três milênios, corporifica uma sabedoria — e eu creio que sim e que isso constitui o cerne da relevância que atribuímos à literatura —, é por ela demonstrar a natureza múltipla de nossos destinos privados e comuns. A literatura vai nos lembrar que pode haver contradições, às vezes conflitos irredutíveis, entre os valores que mais prezamos. (Eis o significado de "tragédia".) Ela vai nos lembrar do "também" e do "algo mais".

A sabedoria da literatura é inteiramente antitética às opiniões. "Nada é minha última palavra em nenhum assunto", disse

Henry James. Fornecer opiniões, mesmo opiniões corretas — sempre que pedirem —, deprecia aquilo que romancistas e poetas fazem de melhor, que é patrocinar a reflexão, buscar a complexidade.

A informação jamais substituirá a iluminação. Mas algo que parece informação, exceto por ser melhor do que ela — refiro-me à condição de ser *informado*; refiro-me ao conhecimento concreto, específico, detalhado, historicamente denso, conhecimento de primeira mão —, é o pré-requisito indispensável para um escritor exprimir opiniões em público.

Deixemos que os outros, as celebridades e os políticos, façam pouco de nós; mintam. Se ser escritor e ser também uma voz pública pudesse ter alguma serventia maior, seria para que os escritores considerassem que a formulação de opiniões e juízos é uma responsabilidade difícil.

Um outro problema com opiniões. Elas são fatores de autoimobilização. O que os escritores fazem deveria nos libertar, nos sacudir. Abrir avenidas de compaixão e de interesses novos. Lembrar-nos que podemos, simplesmente podemos, aspirar a ser diferentes, e melhores, do que somos. Lembrar-nos que podemos mudar.

Como disse o cardeal Newman: "Num mundo mais elevado, é diferente, mas aqui embaixo viver é mudar, e ser perfeito é ter mudado muitas vezes".

E o que entendo pela palavra "perfeição"? Não tentarei explicar, mas apenas dizer: a Perfeição me faz rir. Não de modo sarcástico, apresso-me em acrescentar. Com alegria.

Sou grata por ter recebido o prêmio Jerusalém. Aceito-o como uma honraria para todos aqueles comprometidos com o desígnio da literatura. Aceito-o em homenagem a todos os escritores e leitores em Israel e na Palestina que lutam para criar uma literatura feita de vozes singulares e da multiplicidade de verdades. Aceito o prêmio em nome da paz e da reconciliação das comunidades feridas e temerosas. A paz necessária. Concessões necessárias e disposições novas. Anulação dos estereótipos. A necessária persistência do diálogo. Aceito o prêmio — este prêmio internacional, patrocinado por uma feira internacional de livros — como um evento que honra, acima de tudo, a república internacional das letras.

O mundo enquanto Índia

A *Conferência São Jerônimo sobre tradução literária*

In memoriam de W. G. Sebald

Traduzir significa muitas coisas, entre elas: difundir, transportar, disseminar, explicar, tornar (mais) acessível. Começarei com a proposta — o exagero, se quiserem — de que, por tradução literária, entendemos, podemos entender, a tradução da pequena porcentagem dos livros publicados cuja leitura vale de fato a pena: ou seja, cuja releitura vale a pena. Vou defender a tese de que um exame adequado da arte de tradução literária é essencialmente uma afirmação do valor da literatura em si. Além da óbvia necessidade dos serviços do tradutor para a criação de uma provisão de literatura como um pequeno e prestigioso negócio de exportação e importação, além do papel indispensável que tem a tradução na construção da literatura como um esporte competitivo, jogado nacional e internacionalmente (com rivalidades, times e prêmios lucrativos) — além dos incentivos mercantis, agonísticos e lúdicos para se fazer tradução, existe um incentivo mais antigo, francamente evangélico, mais difícil de confessar nestes tempos constrangidamente sem fé.

No que chamo de incentivo evangélico, a proposta da tradução é ampliar o público leitor de um livro tido como importante. Supõe-se que certos livros são distintamente melhores do que outros, que o mérito literário existe numa forma piramidal, e é imperativo que as obras próximas ao topo se tornem acessíveis para o maior número de pessoas possível, o que significa ser amplamente traduzidas e retraduzidas da maneira mais freqüente possível. É claro, tal visão da literatura supõe que se pode alcançar um consenso imperfeito acerca de que obras são essenciais. Ela não acarreta pensar que o consenso — ou cânone — é fixo para sempre e não pode ser alterado.

No topo da pirâmide estão os livros tidos como escrita sagrada: conhecimento exotérico, indispensável ou essencial que, por definição, requer tradução. (Talvez as traduções lingüisticamente mais influentes tenham sido traduções da Bíblia: são Jerônimo, Lutero, Tyndale, a Versão Autorizada.) Tradução é, portanto, tornar mais bem conhecido aquilo que merece ser mais bem conhecido — porque é algo que aprimora, aprofunda, exalta; porque é um indispensável legado do passado; porque é uma contribuição para o conhecimento, sagrado ou outros. Num registro mais secular, a tradução também foi vista como fonte de um benefício para o tradutor: traduzir era um valioso exercício cognitivo — e ético.

Na era em que se sugere que computadores — "máquinas de traduzir" — em breve serão capazes de executar a maioria das tarefas de tradução, aquilo que chamamos de tradução literária perpetua o sentido tradicional do que a tradução acarreta. A nova concepção é de que a tradução consiste em achar equivalentes; ou, para variar a metáfora, que a tradução é um problema para o qual é possível inventar soluções. Em contraste, a velha concepção é de que tradução é a realização de escolhas, escolhas conscientes, escolhas não simplesmente entre as dicotomias rígidas do bom e mau, correto e incorreto, mas entre uma dispersão mais complexa de alternativas, como "bom" *versus* "ótimo", e "ótimo" *versus* "o melhor de todos", para não mencionar alternativas impuras como "antiquado" *versus* "na moda", "vulgar" *versus* "pretensioso", e "sucinto" *versus* "palavroso".

Para que tais escolhas fossem boas — ou ótimas —, supunha-se que era necessário, por parte do tradutor, um conhecimento vasto e profundo. Traduzir, aqui visto como uma atividade de escolha, no sentido amplo, era uma profissão de indivíduos portadores de certa cultura interior. Traduzir refletidamente, com esmero, com engenho, com respeito, era uma medida precisa da fidelidade do tradutor ao próprio desígnio da literatura.

Escolhas que podem ser tidas como meramente lingüísticas sempre implicam também padrões éticos, o que fez da própria atividade da tradução o veículo de valores como integridade, responsabilidade, fidelidade, arrojo, humildade. A compreensão ética da tarefa do tradutor originou-se na consciência de que a tradução é uma tarefa basicamente impossível, se o que pretende é que o tradutor seja capaz de tomar o texto de um autor escrito numa língua e entregá-lo intacto, sem perdas, em outra língua. Obviamente, *não* é isso o que é enfatizado por aqueles que aguardam com impaciência a substituição dos dilemas do tradutor pelas equivalências de máquinas de traduzir melhores, mais engenhosas.

A tradução literária é um ramo da literatura — nada tem de mecânico. Mas o que torna a tradução uma tarefa tão complexa é atender a uma diversidade de propósitos. Há demandas que surgem da natureza da literatura como uma forma de comunicação. Há a missão, no caso de uma obra tida como essencial, de torná-la conhecida do público mais amplo possível. Há a dificuldade geral de transpor de uma língua para outra e a intransigência especial de determinados textos, o que aponta para algo inerente à obra, e totalmente fora das intenções ou da consciência do seu autor, que emerge quando o ciclo das traduções começa — uma virtude que, por falta de palavra melhor, chamamos de traduzibilidade.

Essa rede de questões complexas é muitas vezes reduzida ao eterno debate entre tradutores — o debate sobre a literalidade — que data pelo menos da Roma antiga, quando a literatura grega era traduzida para o latim, e continua a empenhar tradutores em todos os países (e em relação a tal debate existe uma diversidade de tradições e tendências nacionais). O mais antigo tema de discussão sobre traduções é o papel da exatidão e da fidelidade. Sem dúvida, deve ter havido traduções na Antiguidade cujo padrão era a literalidade estrita (e dane-se a eufonia!), uma posição defendida com fascinante obstinação por Vladimir Nabokov em sua anglicização de *Evguéni Oniéguin*. De que outro modo se poderia explicar a ousada insistência do próprio são Jerônimo (ca. 331-420) — o intelectual do mundo antigo que (adaptando argumentos levantados primeiramente por Cícero) refletiu de modo mais extenso, em prefácios e cartas, sobre a tarefa da tradução — em afirmar que o resultado inevitável de procurar uma reprodução fiel das palavras e imagens do autor é o sacrifício do sentido e da graça?

Essa passagem está no prefácio que Jerônimo escreveu para a sua tradução para o latim da *Crônica* de Eusébio. (Ele a traduziu nos anos 381-2 d.C., enquanto estava em Constantinopla a fim de participar do Concílio, seis anos antes de ir morar em Belém a fim de aprimorar seu conhecimento do hebraico, e quase uma década antes de dar início à tarefa memorável de traduzir a Bíblia hebraica para o latim.) Sobre a sua primeira tradução do grego, Jerônimo escreveu:

> Há muito tempo é costume entre os homens instruídos exercitar a mente passando para o latim as obras de escritores gregos e, o

que é mais difícil, traduzindo poemas de autores ilustres, embora tolhidos pelas exigências adicionais do verso. Foi assim que o nosso Túlio traduziu literalmente todos os livros de Platão [...] [e depois] se entreteve com a economia de Xenofonte. Nesta última obra, o rio de ouro da eloqüência esbarra vezes seguidas com obstáculos, em torno dos quais as águas rompem e espumam a tal ponto que pessoas sem familiaridade com o original não acreditam que estão lendo as palavras de Cícero. E não admira! É difícil acompanhar os versos de um outro homem [...]. É uma tarefa árdua preservar sem danos o talento e a graça numa tradução. Alguma palavra exprimiu um dado pensamento de forma convincente; não tenho nenhuma palavra na minha língua para transmitir o sentido; e na tentativa de satisfazer o sentido posso dar uma volta imensa e completar apenas uma pequena distância da minha viagem. Então temos de levar em conta os complexos detalhes da transposição, as variações de caso, a diversidade de figuras e por último o estilo peculiar e, por assim dizer, nativo da língua. Uma tradução literal soa absurda; se, por outro lado, sou obrigado a mudar a ordem ou as próprias palavras, pode parecer que faltei ao dever de um tradutor.

O surpreendente nessa passagem autojustificadora é a preocupação de Jerônimo de que os leitores compreendam a que ponto a tradução é uma tarefa atemorizante. O que lemos numa tradução, declara ele mais tarde, no mesmo prefácio, é necessariamente um empobrecimento do original.

Se alguém pensa que a graça da língua não sofre no processo de tradução, que essa pessoa tente então verter Homero para o latim, palavra por palavra. Irei ainda além e direi que, se ela traduzir esse autor em prosa na sua própria língua, a ordem das palavras vai parecer ridícula e os poetas mais eloqüentes vão parecer quase tolos.

Qual é a melhor maneira de enfrentar essa intrínseca impossibilidade da tradução? Para Jerônimo, não pode haver dúvida sobre como proceder, conforme ele explica vezes seguidas nos prefácios que escreveu a várias traduções suas. Numa carta para Pammachius, escrita em 396 d.C., ele cita Cícero para afirmar que a única maneira adequada de traduzir é

> manter o sentido, mas alterar a forma, adaptando tanto as metáforas como as palavras para adaptar-se à nossa língua. Não supus que fosse necessário verter palavra por palavra, mas reproduzi o estilo geral e as ênfases.

Mais adiante na mesma carta, citando Evagrius agora — parece que havia muitos críticos e implicantes —, ele declara, em tom de desafio: "Uma tradução literal de uma língua para outra obscurece o sentido". Se isso faz do tradutor um co-autor do livro, que seja assim. "A verdade", escreve Jerônimo no seu prefácio de Eusébio, "é que absorvi em parte o ofício de tradutor e em parte o ofício de escritor."

A questão dificilmente poderia ser apresentada com mais ousadia ou relevância para as reflexões contemporâneas. Em que medida o tradutor está habilitado a adaptar — ou seja, *recriar* — o texto na língua para a qual a obra está sendo traduzida? Se a fidelidade palavra-por-palavra e a excelência literária na nova língua são incompatíveis, em que medida uma tradução responsável pode ser "livre"? Será que a primeira tarefa do tradutor é apagar o caráter estrangeiro de um texto e refundi-lo em conformidade com as normas da nova língua? Não existe nenhum tradutor sério que não se atormente com tais problemas: a exemplo do balé clássico, a tradução literária é uma atividade com padrões irreais, ou seja, padrões tão exigentes que estão fadados a gerar insatisfação, uma sensação de raramente acertar o alvo, entre seus praticantes mais ambiciosos. E a exemplo do balé clássico, a tradução literária é uma arte de repertório. As obras tidas como principais são regularmente refeitas — porque a adaptação agora parece livre demais, sem a exatidão necessária; ou se considera que a tradução contém muitos erros; ou o estilo, que parecia cristalino para os contemporâneos de uma tradução, agora parece datado.

Os bailarinos são adestrados para se empenharem na busca do objetivo, não inteiramente químico, da perfeição: expressividade exemplar, sem erros. Na tradução literária, em virtude dos imperativos múltiplos a que uma tradução literária tem de atender, só pode existir um resultado superior, mas nunca perfeito. A tradução, por definição, sempre acarreta alguma perda de substância do original. Todas as traduções, cedo ou tarde, revelam-se imperfeitas e, por fim, mesmo nos casos dos resultados mais exemplares, passam a ser vistas como provisórias.

São Jerônimo estava fazendo traduções — do hebraico e do grego — para o latim. A língua para a qual ele traduzia era, e continuaria a ser durante muitos séculos, uma língua internacional.

Estou dando esta palestra na nova língua internacional, a língua materna de mais de 350 milhões de pessoas, segundo as estimativas, e usada como segunda língua por dezenas de milhões de pessoas em todo o mundo.

Estou aqui na Inglaterra, onde nasceu a língua que falo e em que escrevo. Adotarei a opinião simples de que *não* estamos separados por uma língua comum, como diz o velho gracejo. E no meu país não chamamos a língua que a maioria de nós usa de "americano" (apesar de a folha de rosto das traduções francesas de meus livros indicar "*traduit de l'américain*"). Ao que parece, no entanto, há pessoas nos Estados Unidos que não sabem por que chamam a sua língua de inglês.

Anos atrás, um amigo inglês, um escritor com forte sotaque de Oxbridge, visitou os Estados Unidos pela primeira vez com sua esposa e suas filhas adolescentes e resolveu que a melhor maneira de captar a experiência americana em seu todo era alugar um automóvel e atravessar o país, de Nova York até a Califórnia. Ao parar num posto de gasolina em algum lugar de Iowa num dia de verão escaldante, o meu amigo, após alguns minutos de conversa com o frentista que reabastecia o seu carro, ouviu dele a pergunta: "De onde vocês vieram?". "Inglaterra", respondeu o meu amigo, imaginando que reação aquilo iria provocar. "Não brinque", exclamou o frentista. "Você fala inglês muito bem para um estrangeiro."

Claro, a maioria de nós sabe por que a língua é chamada de inglês. E é uma glória para a literatura do meu país, que não tem muito mais de duzentos anos, ser escrita na língua de vocês, de mil anos de idade.

Todo dia em que paro para escrever, fico deslumbrada com a riqueza da língua que tenho o privilégio de usar. Mas o meu orgulho com o inglês está em certo desacordo com a minha consciência de um outro tipo de privilégio lingüístico: escrever numa língua que todos, em princípio, são obrigados — desejam — a compreender.

Embora aparentemente idêntica, hoje, à dominação mundial da única e colossal superpotência da qual sou cidadã, a ascensão inicial do idioma em que Shakespeare escreveu à posição de língua franca internacional foi uma espécie de acaso. Um dos momentos decisivos foi a adoção na década de 1920 (creio) do inglês como língua internacional da aviação civil. Para que os aviões circulassem com segurança, aqueles que os pilotavam e aqueles que orientavam o seu vôo tinham de ter uma língua comum. Um piloto italiano que aterrissa em Viena fala com a torre em inglês. Um piloto austríaco que aterrissa em Nápoles fala com a torre em inglês. Mais que isso, o estranho resultado é que um avião italiano que vá de Nápoles a Palermo, um piloto sueco que vai de Estocolmo para Malmö, um piloto brasileiro que voa de São Paulo para o Rio — todos devem se comunicar com a torre em inglês. Hoje, vemos isso como algo natural.

De modo mais intenso, e creio que mais decisivo ainda, a ubiqüidade dos computadores — veículo de uma outra forma de transporte: transporte *mental* — exigiu uma língua predominante. Embora as instruções na interface do usuário estejam provavelmente na sua língua nativa, entrar na internet e usar mecanismos de busca — ou seja, circular internacionalmente por meio do computador — requer o conhecimento do inglês.

O inglês tornou-se a língua comum que unifica as disparidades lingüísticas. A Índia tem dezesseis "línguas oficiais" (na verdade, um número muito maior de idiomas vernáculos são falados), e não há nenhuma possibilidade de a Índia, em vista da sua composição e da sua diversidade atuais, que inclui 180 milhões de muçulmanos, concordar em adotar, um dia, a sua língua principal, o híndi, como língua nacional. A que poderia ser a língua nacional não seria precisamente uma língua nativa, mas a língua do conquistador, da era colonial. Só porque é estrangeira, de fora, pode tornar-se a língua unificadora de uma população permanentemente diversa: a única língua que todos os indianos poderiam ter em comum não apenas é, como tem de ser, o inglês.

O computador apenas reforçou a proeminência do inglês na nossa Índia global. Sem dúvida, os fenômenos lingüísticos mais interessantes do nosso tempo são, de um lado, o desaparecimento de muitas línguas menores — ou seja, línguas faladas por povos muito reduzidos, isolados e empobrecidos — e o sucesso isolado do inglês, que tem hoje um *status* sem paralelo em nenhum idioma usado no planeta. O inglês avança em todas as partes do mundo, em função do predomínio da mídia de fala inglesa — vale dizer, a mídia em que o inglês é falado com sotaque americano — e da necessidade de homens de negócio e cientistas se comunicarem numa língua comum.

Vivemos num mundo que, em vários aspectos importantes, está atolado nos nacionalismos mais banais, e ao mesmo tempo é radicalmente pós-nacional. O elemento primário das barreiras comerciais pode cair, a moeda pode tornar-se multinacional (como o dólar, que é a moeda corrente em diversos países latino-americanos, e é claro o euro). Mas existe um elemento recalcitrante em nossa vida que nos enraíza nas antigas fronteiras e que o capitalismo avançado, a ciência e a tecnologia avançadas, e a dominação imperial avançada (estilo americano) acham muito incômodo. É o fato de falarmos tantas línguas diferentes.

Daí a necessidade de uma língua internacional. E qual o candidato mais plausível do que o inglês?

Essa globalização do inglês produziu um efeito já perceptível no destino da literatura, ou seja, da tradução. Creio que menos obras literárias da literatura estrangeira, sobretudo de línguas tidas como menos importantes, estão sendo traduzidas para o inglês do que, digamos, há vinte ou trinta anos. Mas muito mais livros escritos em inglês são traduzidos para línguas estrangeiras. Hoje, é extremamente raro que romances estrangeiros apareçam na lista de mais vendidos no *New York Times*, como acontecia vinte, trinta, quarenta anos atrás. Romances famosos de Kundera, Garcia Márquez, Lampedusa, Pasternak e Grass foram *best-sellers* nos Estados Unidos. Pouco mais de meio século atrás, *Doutor Fausto*, de Thomas Mann, foi por um tempo o número 1 da lista dos mais vendidos — hoje, inconcebível.

Muitas vezes se parte do pressuposto de que o propósito de uma tradução é fazer a obra "soar" como se tivesse sido escrita na língua para a qual está sendo traduzida.

Como a tradução é uma atividade não só praticada em todos os países, mas também sujeita a tradições nacionais, existem pressões maiores em determinados países do que em outros para apagar, o mais possível, os indícios do seu caráter estrangeiro. A França tem uma tradição particularmente forte na tradução como adaptação, em detrimento da estrita fidelidade ao texto. Quando aponto inexatidões flagrantes numa tradução de um de meus livros, editores franceses muitas vezes me dizem: "Sim, é verdade... mas soa muito melhor em francês". Quando ouço dizer que meu livro ou um livro de outro escritor, graças aos esforços do tradutor, agora soa muito bem em francês, sei que o livro foi remodelado segundo as convenções vigentes (em geral, não muito exigentes) da prosa francesa contemporânea. Mas como a minha prosa em inglês nem sempre é convencional em seus ritmos ou em suas escolhas lexicais, posso ter certeza de que isso não está sendo transmitido para o francês. Só o sentido — e apenas uma parte dele (pois o sentido parece-me estar ligado essencialmente ao que houver de estranho na minha prosa) — está sendo transmitido.

A primeira crítica, e talvez ainda a definitiva, da idéia — exposta de modo tão firme por Jerônimo — de que o trabalho do tradutor é refundir inteiramente a obra a fim de adaptar-se ao espírito da nova língua foi feita pelo teólogo protestante alemão Friedrich Schleiermacher (1768-1834), em seu grande ensaio "Sobre os diferentes métodos de tradução", escrito em 1813.

Ao argumentar que "soar bem" não é o critério fundamental do mérito em tradução, Schleiermacher não se refere, é claro, a todas as traduções, mas apenas a traduções literárias — aquelas que envolvem o que ele denomina, de modo atraente, "a sagrada seriedade da língua". Quanto ao resto, escreve ele:

[...] como as nações em nosso tempo parecem misturar-se num grau maior do que antes, o mercado está em toda parte e essas são conversas do mercado, sejam sociais, políticas ou literárias, e de fato não pertencem ao domínio do tradutor, mas antes ao domínio do intérprete.

Para Schleiermacher, a tradução — que é bem mais do que um serviço para o comércio, para o mercado — é uma necessidade complexa. Existe o mérito intrínseco de tornar um texto essencial conhecido para além de uma fronteira lingüística. Há também o mérito em travar contato com algo diferente daquilo que conhecemos, com o que é estrangeiro.

Para Schleiermacher, um texto literário não é só o seu sentido. É, antes de tudo, a língua em que está escrito. E assim como cada pessoa tem uma identidade básica, toda pessoa tem essencialmente uma só língua.

> Da mesma forma que um homem precisa resolver se pertence a determinado país, ele deve aderir a uma língua, senão vai flutuar à deriva em torno de um desagradável meio-termo. É certo que ainda agora o latim é escrito entre nós como a língua do mundo oficial, a fim de manter viva a consciência de que essa língua foi a culta e sagrada língua materna de nossos ancestrais; é bom que isso também aconteça no terreno da economia européia comum, para tornar o comércio mais fácil; mas nesse caso, também, ela só vai dar certo à medida que o objeto for tudo para uma tal representação, e à medida que a opinião de uma pessoa e a maneira como ela combina os objetos contarem muito pouco.

Ponha o inglês no lugar do latim, no elogio extremamente reservado de Schleiermacher de uma língua pan-européia (leia-se: global), necessária para facilitar as trocas técnicas e científicas pan-européias (leia-se: globais), e veremos como ele espera pouco dessa língua como um veículo da expressão subjetiva, ou seja, literária.

Na questão prática concreta, Schleiermacher assume a posição exatamente oposta à de Jerônimo, argumentando que o dever básico do tradutor é manter-se o mais próximo possível do texto original, com o entendimento de que o resultado irá soar, precisamente, como uma tradução. Naturalizar um livro estrangeiro é perder o que é mais precioso nele: o espírito da língua, o *ethos* mental de onde o texto emerge. Portanto, se uma tradução, digamos, do francês ou do russo para o alemão soa como se o texto fosse escrito originalmente em alemão, o leitor de língua alemã será privado do conhecimento da diferença que deriva de ler algo que de fato soa estrangeiro.

A diferença entre a posição de Jerônimo e a de Schleiermacher é a diferença criada pela interposição da idéia da identidade nacional como a moldura que mantém a coesão no âmbito da separação lingüística. Para Jerônimo, falar em outra língua não era ser outro tipo de pessoa. Jerônimo vivia num mundo, de um modo não distinto do nosso mundo, que era significativamente transnacional e internacional. Para Schleiermacher, falar em outra língua era tornar-se, no sentido mais profundo, inautêntico. Escreve ele:

> [...] o objetivo de traduzir de uma forma tal como o autor teria escrito originalmente na língua da tradução é algo não só inalcançável mas também nulo e vazio em si mesmo, pois quem quer que reconheça o poder formador da língua, que é inseparável do caráter peculiar de uma nação, há de admitir que todos os seres humanos de maior excelência adquiriram o seu conhecimento, bem como a possibilidade de exprimi-lo, numa língua e por meio de uma língua, e que ninguém, portanto, adere à sua língua mecanicamente, como se estivesse preso dentro dela... e que ninguém po-

deria mudar de língua em seu pensamento ao seu bel-prazer, como podemos desatrelar facilmente uma parelha de cavalos e substituí-la por outra; na verdade todos produzem obras originais apenas na sua língua materna, de modo que nem se pode levantar a questão de como um autor teria escrito suas obras numa outra língua.

Schleiermacher não está, é claro, negando que exista a capacidade de falar e escrever em mais de uma língua. Mas está partindo do princípio de que todos têm uma "língua materna" e que a relação com outras línguas em que uma pessoa possa falar, ou mesmo escrever poesia e filosofia, de algum modo não seria "orgânica" — metáfora favorita na época. Esta é, evidentemente, uma posição ideológica: muitos povos são bilíngües ou poliglotas. Na Itália, por exemplo, a pessoa pode falar não só o toscano (o chamado italiano) como também o napolitano ou o romagnolo. No Québec, as pessoas instruídas falam inglês e francês. No antigo Império Austro-Húngaro, a maior parte da população instruída dos países hoje chamados de Áustria, República Checa, Romênia e Hungria falam pelo menos duas e às vezes três línguas todos os dias. Está claro, a posição de Schleiermacher não é apenas descritiva. (Seu programa profundo tem a ver com a sua idéia de nacionalidade e de povo.) Na opinião de Schleiermacher, a questão não é que não se podem, mas sim que não se *devem* tomar duas línguas como iguais. O ápice da inautenticidade seria supor que é possível habitar uma outra língua com o mesmo espírito com que a pessoa habita a sua própria.

Mas será possível falar autenticamente mais de uma língua?
A pergunta de Schleiermacher continua a ecoar. O que significa ter o domínio de uma segunda língua?
Amigos americanos e ingleses que há muito residem no Ja-

pão (na sua maioria, com cônjuges japoneses) disseram-me que os japoneses caracteristicamente encaram com grande desconfiança, e até com uma ponta de hostilidade, um estrangeiro que fale o idioma deles sem cometer erros. Mas provavelmente esse preconceito irá desaparecer, à medida que o Japão continue a aceitar que a existência de estrangeiros em seu país não constitui uma extravagância, desgraça ou adulteração da essência nacional.

No outro extremo, um exemplo mais recente do que está envolvido na obtenção de um domínio completo de uma segunda língua — que no caso é o inglês — nos fornece um perfeito quadro schleiermacheriano da inautenticidade. Estou pensando num ramo da florescente indústria multibilionária de programas de computador, hoje tão importante na economia indiana. São as centrais de atendimento por telefone, que empregam milhares de jovens mulheres e homens que fornecem ajuda técnica ou fazem reservas em hotéis numa ligação 1-800 (ou seja, ligações gratuitas feitas em todo o território dos Estados Unidos). Os jovens, todos falantes do inglês, que conseguem ser selecionados para esses cobiçados empregos nas centrais de atendimento telefônico e concluíram o difícil curso destinado a apagar todos os traços do seu sotaque indiano em inglês (muitos não conseguem), recebem o que é considerado um salário elevado para um trabalho de escritório na Índia, embora, é claro, bem menos do que a IBM, a American Express, a GE, a Delta Airlines e as cadeias de hotéis e restaurantes teriam de pagar para americanos pelo mesmo trabalho — razão suficiente para que cada vez mais essas tarefas sejam "compradas fora". A questão parece estar também no fato de os indianos executarem melhor as tarefas, com menos erros, o que não é de admirar, pois quase todos eles têm formação universitária.

Nas amplas salas dos prédios de escritório em Bangalore, em Bombaim ou em Nova Délhi, telefonemas em série são respondidos por jovens indianos sentados em fileiras de pequenas baias ("Alô, aqui fala Nancy. Como posso ajudá-lo?"), todas equipadas com um computador que lhes permite, com uns poucos cliques no mouse, reunir as informações necessárias para fazer uma reserva, obter os mapas necessários para dar uma informação sobre a melhor via de acesso rodoviário, a previsão do tempo etc.

Nancy, ou Mary Lou, Betty, Sally Jane, Megan, Bill, Jim, Wally, Frank — essas vozes alegres têm de ser primeiro treinadas durante meses, por instrutores e por fitas, para adquirirem um agradável sotaque americano médio (não o americano de alto nível de instrução), além de aprenderem a gíria americana básica, expressões informais (inclusive regionais) e referências elementares da cultura de massa (personalidades da tevê, enredos e protagonistas dos principais seriados cômicos, o mais recente sucesso nos cinemas multiplex, resultados das partidas recentes de beisebol e basquete etc.), de modo que, no caso de a conversa com o cliente situado nos Estados Unidos se prolongar, eles não tropecem no bate-papo informal e tenham os meios necessários para que continuem a se fazer passar por americanos.

Para levar isso a cabo, eles precisam ser razoavelmente americanos para si mesmos. Ganharam nome americano e uma breve biografia de sua identidade americana: local e data de nascimento, profissão dos pais, número de irmãos, religião (quase sempre protestante), nome do colégio, esporte favorito, tipo de música favorito, estado civil e tudo o mais. Se perguntarem onde estão, têm uma resposta pronta. Por exemplo, se o cliente está ligando de Savannah, na Georgia, para fazer uma reserva num hotel em Macon, na Georgia, e pede uma orientação sobre o caminho mais rápido para ir de carro de Savannah para Macon, o atendente (ou a atendente) no telefone pode dizer que está em Atlanta. Revelar que está em Bangalore, na Índia, levaria a falsa

Nancy ou o falso Bill a ser despedido na mesma hora. (Todas as ligações são monitoradas por supervisores, de forma rotineira e imperceptível.) E, é claro, quase nenhum desses jovens jamais saiu do seu país.

Será que "Nancy" ou "Bill" prefeririam ser uma verdadeira Nancy ou um verdadeiro Bill? Quase todos dizem — houve entrevistas — que sim. Gostariam de ir para os Estados Unidos, onde seria normal falar inglês o tempo todo com sotaque americano? Claro que sim.

Nossas idéias sobre literatura (e, portanto, sobre tradução) são necessariamente reativas. No início do século XIX, parecia progressista lutar pelas literaturas nacionais e pela distinção (o "gênio" especial) das línguas nacionais. O prestígio do Estado-nação no século XIX foi abastecido pela consciência da produção de grandes escritores "nacionais" — em países como Polônia ou Hungria, eram em geral poetas. De fato, a idéia nacional tinha uma inflexão particularmente libertária nos menores países europeus, ainda existentes nos confins de um sistema imperial, que se moviam rumo à identidade de Estados-nação.

A preocupação com a autenticidade da corporificação lingüística da literatura foi uma resposta a essas novas idéias e deu origem a um vasto apoio à escrita em dialetos ou em línguas chamadas regionais. Outra resposta completamente distinta da idéia de identidade nacional foi a de Goethe, talvez o primeiro a mencionar — e no início do século XIX, época em que a idéia de identidade nacional era extremamente progressista — o projeto de literatura mundial (*Weltliteratur*).

Pode parecer surpreendente que Goethe pudesse ter levantado uma idéia tão à frente do seu tempo. Parece menos estranho se pensarmos em Goethe não só como contemporâneo de Napoleão, mas como napoleônico, ele mesmo, em diversos projetos e em várias idéias que poderiam ser o equivalente intelectual do império napoleônico. Sua idéia de literatura mundial faz lembrar a idéia de Napoleão dos Estados Unidos da Europa, uma vez que, por "mundo", Goethe entendia Europa e os países neo-europeus, onde já existia bastante tráfego literário através das fronteiras. Na visão de Goethe, a dignidade e a especificidade das línguas nacionais (intimamente ligadas às afirmações de nacionalismo) são inteiramente compatíveis com a idéia de uma literatura mundial, que é uma noção de um público leitor mundial: ler livros em tradução.

Num momento posterior do século XIX, o internacionalismo ou o cosmopolitismo na literatura tornou-se, em países poderosos, a idéia mais progressista, dotada de uma inflexão libertária. O progresso seria o desenvolvimento natural da literatura da fase "provinciana" para a "nacional" e depois para a "internacional". Uma idéia de *Weltliteratur* floresceu durante a maior parte do século XX, com o seu sonho recorrente de um Parlamento internacional em que todos os Estados-nação teriam os mesmos direitos. A literatura seria um sistema internacional desse tipo, que cria um papel ainda maior para as traduções, e assim todos poderíamos ler os livros uns dos outros. A difusão global do inglês poderia até ser vista como um passo essencial rumo à transformação da literatura num sistema efetivamente mundial de produção e de troca.

Mas, como muitos observaram, a globalização é um processo que traz benefícios totalmente desiguais aos diversos povos que formam a população humana, e a globalização do inglês não alterou a história de preconceitos em torno de identidades nacionais; um dos resultados disso é que algumas línguas — e a literatura nelas produzida — sempre foram consideradas mais importantes do que outras. Um exemplo. Sem dúvida *Memórias póstumas de Brás Cubas* e *Dom Casmurro*, de Machado de Assis, e *O cortiço*, de Aluísio de Azevedo, três dos melhores romances jamais escritos em qualquer país no final do século xix, seriam tão famosos como qualquer obra-prima literária do final do século xix pode ser hoje, se não tivessem sido escritos em português por brasileiros, mas sim em alemão, francês ou russo. Ou inglês. (Não é uma questão de línguas pequenas *versus* línguas grandes. O Brasil não é nem um pouco carente de habitantes, e o português é a sexta língua mais falada do mundo.) Apresso-me em acrescentar que esses livros maravilhosos *estão* traduzidos, e de forma excelente, em inglês. O problema é que não são mencionados. Não se considera necessário — ao menos até agora — que uma pessoa culta, uma pessoa em busca do êxtase que só a ficção pode trazer, leia esses livros.

A antiga imagem bíblica sugere que vivemos em nossas diferenças, emblematicamente lingüísticas, uns sobre os outros — a exemplo do sonho de Frank Lloyd Wright de um prédio de apartamentos com quase dois mil metros de altura. Mas o senso comum nos diz que a nossa dispersão lingüística não pode ser uma torre. A geografia da nossa dispersão em muitas línguas é muito mais horizontal do que vertical (ou assim parece), com rios, montanhas, vales e oceanos que rodeiam as massas de terra. Traduzir é transportar em navios, fazer travessias.

Mas talvez exista uma dose de verdade nessa imagem. Uma torre tem muitos andares, e os numerosos inquilinos dessa torre estão empilhados uns sobre os outros. Se Babel for semelhante às demais torres, quanto mais alto um andar, maior será a procura por ele. Talvez certas línguas ocupem setores inteiros dos andares de cima, os aposentos mais amplos e as varandas principais. E outras línguas e seus produtos literários estejam confinados aos andares inferiores, tetos baixos, sem vista.

Cerca de dezesseis séculos após são Jerônimo, mas só um pouco mais de um século depois do ensaio fundamental de

Schleiermacher sobre tradução, surgiu a terceira daquelas que são, para mim, as reflexões exemplares sobre o projeto e os deveres do tradutor. Trata-se do ensaio intitulado "A tarefa do tradutor", escrito por Walter Benjamin em 1923 como prefácio para a sua tradução de *Tableaux parisiens*, de Baudelaire.

Ao transpor o francês de Baudelaire para o alemão, diz Benjamin, ele não está obrigado a fazer Baudelaire soar como se tivesse escrito em alemão. Ao contrário, sua obrigação é manter a sensação que o leitor alemão pode ter de algo diferente. Escreve Benjamin:

> Toda tradução é apenas um modo provisório de conformar-se à diferença das línguas [...]. Não constitui o maior elogio possível a uma tradução, sobretudo na época da sua origem, dizer que ela soa como se tivesse sido escrita originalmente naquela língua.

A oportunidade oferecida por uma tradução não é do tipo defensivo: preservar, embalsamar, o estado presente da própria língua do tradutor. Em vez disso, argumenta Benjamin, é uma oportunidade para permitir que uma língua estrangeira influencie e modifique a língua em que uma obra está sendo traduzida. A razão de Benjamin para preferir uma tradução que revela sua diferença é completamente distinta da de Schleiermacher. Não é porque ele deseje fomentar a autonomia e a integridade de línguas individuais. O pensamento de Benjamin situa-se no pólo oposto ao de qualquer programa nacionalista. É uma ponderação metafísica, que deriva da sua idéia da própria natureza da língua, segundo a qual a língua em si exige os esforços do tradutor.

Toda língua é parte da linguagem, que é mais vasta do que qualquer língua singular. Toda obra literária individual é uma parte da literatura, que é maior do que a literatura de qualquer língua singular.

É algo semelhante a essa opinião — que colocaria a tradução no centro do projeto da literatura — que tentei respaldar com estes comentários.

Circular, por motivos diversos e necessariamente impuros, é da natureza da literatura tal como hoje a compreendemos — e compreendemos com razão, creio. A tradução é o sistema circulatório da literatura mundial. A tradução literária, penso, é sobretudo uma tarefa ética, uma tarefa que espelha e duplica o papel da própria literatura, que é ampliar as nossas solidariedades; educar o coração e a mente; criar interioridade; assegurar e aprofundar a consciência (com todas as suas conseqüências) de que outras pessoas, diferentes de nós, existem de fato.

Tenho idade suficiente para ter crescido, no sudoeste dos Estados Unidos, pensando que existia uma coisa chamada literatura em inglês, da qual a literatura americana era um ramo. O escritor mais importante para mim, quando criança, era Shakespeare — Shakespeare como uma experiência de leitura (a rigor, uma experiência de leitura em voz alta), que teve início quando ganhei uma edição lindamente ilustrada de *Contos de Shakespeare*, de Charles Lamb, aos oito anos de idade; minha leitura de Lamb e, depois, de muitas peças, antecedeu em quatro anos a primeira vez em que vi Shakespeare representado no palco ou numa adaptação para o cinema. E além de Shakespeare, recontado ou direto, havia *Winnie Puff* e *O jardim secreto*, *As viagens de Gulliver* e as irmãs Brontë (primeiro *Jane Eyre*, depois *O morro dos ventos uivantes*), *O claustro e a lareira* e Dickens (os primeiros foram *David Copperfield*, *Conto de Natal* e *Conto de duas cidades*), muito Stevenson (*Seqüestrado*, *Ilha do tesouro*, *O médico e o monstro*), *O príncipe feliz*, de Oscar Wilde... Claro, havia livros americanos, também, como os contos de Poe e *Mulherzinhas*, romances de Jack London e *Ramona*. Mas naquela época remota, ainda reflexivamente elegante, culturalmente anglófila, parecia perfeitamente normal que a maioria dos livros que eu lia proviesse de algum outro lugar, um lugar mais antigo, como a longínqua e excitantemente exótica Inglaterra.

Quando esse "outro lugar" ficou maior, quando minhas leituras — sempre em inglês, é claro — passaram a incluir livros maravilhosos que não tinham sido escritos originalmente em inglês, quando passei para a literatura mundial, a transição foi quase imperceptível. Dumas, Hugo e a partir daí... Eu sabia que agora estava lendo livros "estrangeiros". Não me ocorria parar para pensar na mediação que havia trazido para mim aqueles livros cada vez mais espantosos. (Pergunta: Qual é a maior escritora russa do século xix? Resposta: Constance Garnett.) Se eu percebesse uma frase estranha num romance de Mann, Balzac ou Tolstói, não teria passado pela minha cabeça imaginar se aquela frase também seria tão estranha no original alemão, francês ou russo, ou desconfiar que a frase talvez tivesse sido "mal" traduzida. Para a minha mente de leitora jovem e iniciante, não existia tradução ruim. Só havia traduções — que decodificavam livros aos quais, de outro modo, eu não poderia ter acesso, e os colocava nas minhas mãos e no meu coração. No que me dizia respeito, o texto original e a tradução eram uma coisa só.

A primeira vez que me coloquei o problema de uma tradução precária foi quando comecei a ir à ópera, em Chicago, aos dezesseis anos de idade. Ali tive nas mãos, pela primeira vez, uma tradução *en face* — o texto na língua original na esquerda (nessa altura, eu sabia um pouco de italiano e francês) e o texto em inglês na direita — e fiquei chocada e desconcertada pela gritante imprecisão das traduções. (Isso foi muitos anos antes de eu compreender por que as palavras de um libreto de ópera não podiam ser traduzidas literalmente.) Com exceção da ópera, eu nunca me perguntava, naqueles primeiros anos de leitura de literatura em tradução, o que eu estaria perdendo. Era como se eu sentisse que minha tarefa, como leitora apaixonada, era ver *através* dos erros e das limitações de uma tradução — como enxergamos através (ou pelos lados) das manchas de uma cópia ruim de um filme antigo que revemos. As traduções eram uma dádiva, pela qual eu seria sempre grata. O que — ou melhor, quem — eu seria sem Dostoiévski, Tolstói ou Tchekhov?

Minha idéia do que a literatura pode ser, minha reverência pela prática da literatura como vocação, e a minha identificação da vocação do escritor com o exercício da liberdade — todos esses elementos constitutivos da minha sensibilidade são inconcebíveis sem os livros que eu lia em tradução, desde muito jovem. A literatura era uma viagem mental: viagem para o passado... e para outros países. (A literatura era o veículo capaz de nos levar a *toda parte*.) E a literatura era a crítica da minha própria realidade, à luz de um padrão melhor.

Um escritor é, antes de tudo, um leitor. É da leitura que derivo os padrões pelos quais meço minha própria obra e segundo os quais deixo muito a desejar. Foi pela leitura, mesmo antes de escrever, que me tornei parte de uma comunidade — a comunidade da literatura — que inclui mais escritores mortos do que vivos. Ler e ter padrões de avaliação são, portanto, relações com o passado e com o que é diferente. Ler e ter padrões para a literatura são, de modo indispensável a meu ver, relações com a literatura em tradução.

Sobre coragem e resistência

Discurso de abertura do prêmio Oscar Romero

Permitam-me lembrar não um, mas dois, só dois que foram heróis — entre milhões de heróis. Que foram vítimas — entre dezenas de milhões de vítimas.

O primeiro: Oscar Arnulfo Romero, arcebispo de San Salvador, assassinado em suas vestes sacerdotais, quando rezava missa na catedral no dia 24 de março de 1980 — vinte e três anos atrás — porque havia se tornado "um franco defensor de uma paz justa e se opôs abertamente às forças da violência e da opressão". (Estou citando o texto do prêmio Oscar Romero, conferido hoje a Ishai Menuchin.)

O segundo: Rachel Corrie, universitária de vinte e três anos de idade, de Olympia, em Washington, assassinada com a jaqueta amarelo-néon com faixas brilhantes usada por "escudos humanos" para ficarem bem visíveis, e talvez a salvo, enquanto tentam impedir uma das demolições quase diárias praticadas pelas Forças Armadas israelenses em Rafah, cidade ao sul da Faixa de Gaza (onde Gaza faz fronteira com o Egito), no dia 16 de março de 2003 — duas semanas atrás. Parada diante da casa de um médico palestino, selecionada para demolição, Corrie, uma dos oito jovens americanos e ingleses voluntários para a função de escudos humanos em Rafah, gritava e acenava para o condutor de uma escavadeira blindada D-9 através do seu megafone, e depois ficou de joelhos na frente da gigantesca escavadeira... que não reduziu a velocidade.

Duas figuras emblemáticas do sacrifício, mortas pelas forças da violência e da opressão, às quais ofereciam uma oposição não violenta, fundada em princípios, e arriscada.

Vamos começar pelo risco. O risco de ser castigado. O risco de ficar isolado. O risco de ser ferido ou morto. O risco de ser alvo de zombarias.

Somos todos recrutas, de um modo ou de outro. Para todos nós, é difícil nos afastarmos de nossas fileiras; ser alvo da desaprovação, da censura, da violência de uma maioria ofendida, com uma idéia diferente de lealdade. Procuramos abrigo sob palavras de ordem como justiça, paz e reconciliação, que nos alistam em comunidades novas, ainda que muito menores e relativamente fracas, onde se agrupam pessoas que pensam como nós. Isso nos mobiliza para manifestações, para protestos e atos públicos de desobediência civil — não para desfiles militares e campos de batalha.

Não marchar no mesmo passo que a nossa tribo; adiantarmo-nos à nossa própria tribo rumo a um mundo mentalmente maior, mas numericamente menor — se a alienação ou a dissidência não for a nossa atitude habitual, ou prazerosa, é um processo complexo e difícil.

Não é fácil desafiar a sabedoria da tribo: a sabedoria que preza a vida dos membros da tribo acima de todas as outras. Será sempre impopular — sempre será tido por impatriótico — dizer que a vida dos membros de outra tribo tem o mesmo valor que a vida dos membros da nossa própria tribo.

É mais fácil mostrar lealdade àqueles que conhecemos, àqueles que vemos, àqueles em quem estamos inseridos, àqueles com quem partilhamos — como podemos — uma comunidade de temores.

Não vamos subestimar a força daquilo a que nos opomos. Não vamos subestimar a retaliação que pode recair sobre aqueles que ousam discordar das brutalidades e repressões tidas como justificadas pelos temores da maioria.

Somos feitos de carne. Podemos ser perfurados por uma baioneta, estraçalhados por um homem-bomba. Podemos ser esmagados por uma escavadeira, fuzilados dentro de uma catedral.

O medo cega as pessoas. E o medo as dispersa. A coragem inspira comunidades: a coragem de um exemplo — pois a coragem é tão contagiosa quanto o medo. Mas a coragem, certos tipos de coragem, também pode isolar o corajoso.

O destino eterno dos princípios: embora todos professem ter princípios, eles provavelmente serão sacrificados quando se tornarem inconvenientes. Em geral, um princípio moral é algo que nos coloca em *divergência* com um costume aceito. E essa divergência tem conseqüências, às vezes desagradáveis, quando a comunidade se vinga daqueles que desafiam as suas contradições — aqueles que querem que a sociedade de fato preserve os princípios que ela diz defender.

O critério de que uma sociedade devia de fato corporificar os próprios princípios que professa é utópico, no sentido de que princípios morais contradizem a maneira como as coisas são de fato — e sempre serão. As coisas — assim é e sempre será — não são todas más nem todas boas, mas deficientes, inconsistentes, inferiores. Os princípios nos convidam a fazer algo a respeito do pântano de contradições em que agimos moralmente. Os princípios nos convidam a ter mais rigor em nossas ações, ser intolerantes com a frouxidão moral, a contemporização, a covardia e com a fuga diante do que é perturbador: aquela pontada secreta no coração que nos diz que o que estamos fazendo *não* está certo e assim nos sugere que nos sentiremos melhor se *não* pensarmos no assunto.

A desculpa daqueles que são contrários aos princípios: "Estou fazendo o melhor que posso". O melhor, dadas as circunstâncias, é claro.

Digamos que o princípio seja: é errado oprimir e humilhar um povo inteiro. Privá-lo sistematicamente de habitação e alimentação adequadas; destruir suas moradias, seus meios de vida, seu acesso à educação e aos serviços médicos, e a capacidade de se associar entre si.

Que tais práticas sejam erradas, qualquer que seja a provocação.

E há provocação. Isso também não deve ser negado.

No centro da nossa vida moral e da nossa imaginação moral encontram-se os grandes modelos de resistência: as grandes histórias daqueles que disseram não. Não, eu não vou fazer isso.

Que modelos, que histórias? Um mórmon pode resistir à proibição legal da poligamia. Um militante contrário à legalização do aborto pode resistir à lei que legalizou o aborto. Eles também irão apelar para as razões de uma religião (ou fé) e da moralidade contra as leis da sociedade civil. O apelo à existência de uma lei superior que nos autoriza a contestar as leis do Estado pode ser usado para justificar a transgressão criminosa, bem como a mais nobre luta pela justiça.

A coragem não tem valor moral em si mesma, pois a coragem não é, em si mesma, uma virtude moral. Canalhas sórdidos, assassinos, terroristas podem ser corajosos. Para definir a coragem como uma virtude, precisamos de um adjetivo: falamos de "coragem moral" — porque também existe uma coragem amoral.

E a resistência não tem valor em si mesma. É o *conteúdo* da resistência que determina o seu mérito, a sua necessidade moral.

Digamos: a resistência a uma guerra criminosa. Digamos: a resistência à ocupação e à anexação da terra de outro povo.

Mais uma vez: não existe nada intrinsecamente superior na resistência. Todos os nossos argumentos em favor da justificativa da resistência repousam na correção da tese de que os resistentes agem em nome da justiça. E a justiça da causa não depende da virtude daqueles que a defendem, nem é realçada por tal virtude. Depende exclusivamente da verdade da descrição de um estado de coisas que é, verdadeiramente, injusto e desnecessário.

Eis aqui o que creio ser uma descrição fiel de um estado de coisas que exigiu de mim muitos anos de incerteza, ignorância e angústia para reconhecer.

Um país ferido e temeroso, Israel, está passando pela maior crise da sua história turbulenta, criada pela política de proliferar e reforçar colônias em territórios tomados depois da guerra árabe-israelense de 1967. A decisão de sucessivos governos israelenses de manter o controle sobre a margem oeste de Gaza, e assim negar aos seus vizinhos palestinos o direito a um Estado próprio, é uma catástrofe — moral, humana e política — para os dois povos. Os palestinos precisam de um Estado palestino soberano. Israel precisa de um Estado palestino soberano. Nós, de fora, que desejamos que Israel sobreviva, não podemos, não devemos, desejar que Israel sobreviva não importa o que faça, não importa de que maneira. Temos uma dívida particular de gratidão com as corajosas testemunhas israelenses e judias, jornalistas, arquitetos, poetas, romancistas, professores — entre outros — que descreveram, documentaram, protestaram e militaram contra os sofrimentos dos palestinos, que vivem sob as condições cada vez mais cruéis do jugo militar israelense e da anexação de colonos.

Nossa admiração maior deve ir para os bravos soldados israelenses, representados por Ishai Menuchin, que se recusam a servir além das fronteiras de 1967. Esses soldados sabem que todas as colônias terão de retirar-se, no final. Esses soldados, que são judeus, levam a sério o princípio formulado nos julgamentos de Nuremberg de 1945-6: a saber, que um soldado não é obrigado a obedecer a ordens injustas, ordens que infrinjam as leis da guerra — de fato, um soldado tem a obrigação de desobedecer a tais ordens.

Os soldados israelenses que se opõem a servir nos territórios ocupados não estão contestando uma ordem em particular. Estão se recusando a entrar no terreno em que ordens ilegítimas terão de ser dadas — ou seja, onde é mais do que provável que venham a receber ordens para executar ações que dêem continuidade à opressão e à humilhação de civis palestinos. Casas são demolidas, bosques são extirpados, as barracas do mercado de uma vila são varridas por escavadeiras, um centro cultural é saqueado; e agora, quase todos os dias, civis de todas as idades são alvejados e mortos. Não pode haver discussão sobre a parcela de crueldade da ocupação israelense de vinte por cento do território da antiga Palestina Britânica, onde um Estado palestino será estabelecido. Esses soldados crêem, como eu, que deve haver uma retirada incondicional dos territórios ocupados. Eles declararam coletivamente que não continuarão a lutar além das fronteiras de 1967 "para dominar, expulsar, matar de fome e humilhar um povo inteiro".

O que os *refuseniks* fizeram — hoje, são mais de mil, e mais de duzentos e cinqüenta foram presos — não ajuda a nos dizer como os israelenses e os palestinos podem alcançar a paz, nada além da reivindicação irrevogável de que as colônias sejam dissolvidas. As ações dessa minoria heróica não podem ajudar a tão necessária reforma e democratização da Autoridade Palestina. Sua resistência não vai diminuir a pressão da intolerância religiosa e do racismo na sociedade israelense nem reduzir a disseminação de virulenta propaganda anti-semita no sofrido mundo árabe. Não vai deter os homens-bomba.

Ela apenas declara: chega. Ou: há um limite. *Yesh gvul.*

Apresenta um modelo de resistência. De desobediência. Para o qual sempre haverá punições.

Nenhum de nós por enquanto tem de suportar algo remotamente parecido com o que esses bravos recrutas estão suportando, muitos dos quais foram para a cadeia.

Falar de paz neste momento e neste país é simplesmente ser alvo de zombaria (como na recente cerimônia de entrega do Oscar), ser atormentado, incluído em listas negras (a proibição das músicas do conjunto Dixie Chicks em uma poderosa cadeia de estações de rádio); em suma, ser vilipendiado como antipatriótico.

O nosso *ethos* do tipo "unidos venceremos", ou "ao vencedor tudo": os Estados Unidos são um país que tornou o patriotismo algo equivalente ao consenso. Tocqueville, ainda o melhor observador dos Estados Unidos, constatou no país então jovem um grau de conformismo nunca antes visto, e mais cento e sessenta e oito anos apenas vieram confirmar a sua observação.

Às vezes, em razão do rumo novo e radical da política externa americana, parece que era inevitável que o consenso nacional sobre a grandeza dos Estados Unidos, que pode ser levado a um grau extraordinário de orgulho nacional triunfalista, estivesse de fato destinado, cedo ou tarde, a expressar-se em guerras como a atual, que conta com o apoio da maioria da população, persuadida de que os Estados Unidos têm o direito — e até o dever — de dominar o mundo.

A maneira usual de apresentar pessoas que agem por princípio é dizer que elas são a vanguarda de uma revolta que no fim há de triunfar contra a injustiça.
Mas e se não for assim?
E se o mal for de fato irrefreável? Pelo menos a curto prazo. E esse curto prazo pode ser — vai ser — de fato muito longo.
Minha admiração pelos soldados que estão resistindo a servir nos territórios ocupados é tão veemente quanto a minha crença de que um longo tempo se passará antes que a sua opinião prevaleça.
Mas o que me assombra neste momento — por razões óbvias — é agir por princípio quando essa ação não vai alterar a óbvia distribuição de forças, a chocante injustiça e o chocante morticínio da política de um governo que alega estar agindo em nome não da paz, mas sim da segurança.
A força das armas tem sua lógica própria. Se cometemos uma agressão e os outros resistem, é fácil convencer o front doméstico de que a luta deve continuar. Já que as tropas estão lá, elas têm de ser apoiadas. Torna-se irrelevante questionar o motivo de as tropas estarem lá, antes de tudo.
Os soldados estão lá porque "nós" estamos sendo atacados ou ameaçados. Não importa que tenhamos atacado primeiro. Agora eles estão contra-atacando, causando baixas entre nós. Comportando-se de um modo que contradiz a conduta "correta" numa guerra. Comportando-se como "selvagens", como as pessoas na nossa parte do mundo gostam de chamar as pessoas de outra parte do mundo. E as ações "selvagens" ou "ilegais" deles

dão novas justificativas para novas agressões. E um novo ímpeto para reprimir, censurar ou perseguir cidadãos que se opõem à agressão que o governo promove.

Não vamos subestimar a força daquilo a que nos opomos.

O mundo é, para quase todos nós, aquilo sobre o qual não temos quase nenhum controle. O senso comum e o sentido de autoproteção nos dizem para nos acomodarmos àquilo que não podemos mudar.

Não é difícil ver como alguns de nós poderíamos ser convencidos da justiça, da necessidade da guerra. Sobretudo de uma guerra que é formulada como uma série de ações militares pequenas, limitadas, que irão de fato contribuir para a paz ou reforçar a segurança; de uma agressão que se declara como uma campanha de desarmamento — desarmamento do inimigo, bem entendido; e, lamentavelmente, requer a aplicação de uma força esmagadora. Uma invasão que se intitula, oficialmente, uma libertação.

Todas as violências na guerra foram justificadas como uma retaliação. Estamos ameaçados. Estamos nos defendendo. Os outros, eles é que querem nos matar. Temos de detê-los.

E a partir daí: temos de detê-los antes que eles tenham a chance de levar a cabo os seus planos. E como os que vão nos atacar se ocultam atrás de não-combatentes, nenhum aspecto da vida civil está imune às nossas depredações.

Não importa a disparidade de forças, de riqueza, de poder de fogo — ou simplesmente de população. Quantos americanos sabem que a população do Iraque é de vinte e quatro milhões, metade dela formada por crianças? (A população dos Estados Unidos, como os senhores devem lembrar, é duzentos e noventa milhões.) Não dar apoio aos que estão sob o fogo dos inimigos parece traição.

Pode ser que, em certos acasos, a ameaça seja real.

Em tais circunstâncias, o portador de um princípio moral parece alguém que corre ao lado de um trem e grita "Pare! Pare!".

O trem pode ser detido? Não, não pode. Pelo menos, não agora.

Será que outras pessoas dentro do trem vão se sentir dispostas a saltar e unir-se aos que estão fora? Talvez algumas o façam, mas não a maioria (pelo menos, não até que tenham todo um novo arsenal de medos).

A dramaturgia da "ação por princípio" nos diz que não temos de pensar se agir por princípio é adequado, ou se podemos contar com o êxito final das ações que levamos a efeito.

Agir por princípio é, assim nos dizem, bom em si mesmo.

Mas ainda é um gesto político, no sentido de que não estamos fazendo isso por nós mesmos. Não fazemos isso só para agir corretamente, ou para aplacar a nossa consciência; muito menos porque estamos confiantes de que a nossa ação vai alcançar o seu objetivo. Resistimos como um ato de solidariedade. Com as comunidades daqueles que agem por princípio e que desobedecem: aqui, em toda parte. No presente. No futuro.

O fato de Thoreau ir para a prisão em 1846 por se recusar a pagar o imposto individual como forma de protesto contra a guerra americana no México não impediu a guerra. Mas a repercussão desse curtíssimo tempo de prisão, que não representou nenhum castigo (uma só noite na cadeia, como todos sabem), não parou de inspirar a resistência por princípio contra a injustiça ao longo da segunda metade do século xx e até a nossa época. O movimento do final da década de 1980 para fechar a área de testes nucleares de Nevada, local crucial na corrida armamentista nuclear, não conseguiu alcançar o seu objetivo; as operações na área de testes continuaram inalteradas por conta dos protestos. Mas levou diretamente à formação de um movimento de protesto na remota Alma Ata, que por fim conseguiu alcançar o fechamento da principal área de testes nucleares da União Soviética, no Cazaquistão, e os militantes desse movimento referiam-se aos ativistas antinucleares de Nevada como seus inspiradores e manifestaram sua solidariedade com os nativos americanos em cujas terras se localizava a área de testes nucleares de Nevada.

A probabilidade de que os nossos atos de resistência não consigam deter a injustiça não nos exime de agir conforme aquilo que, de modo sincero e refletido, julgamos ser do interesse da nossa comunidade.

Assim: não é do interesse de Israel ser um opressor.

Assim: não é do interesse dos Estados Unidos ser uma hiperpotência, capaz de impor sua vontade a qualquer país do mundo, à sua escolha.

O interesse de uma comunidade moderna é a justiça.

Não pode ser certo oprimir e confinar sistematicamente um povo vizinho. É seguramente falso pensar que assassinatos, expulsões, anexações, a construção de muros — tudo aquilo que contribuiu para reduzir um povo inteiro à dependência, à penúria e ao desespero — trarão segurança e paz para os opressores.

Não pode ser certo que um presidente dos Estados Unidos pareça acreditar que tenha o mandato para ser o presidente do planeta — e decrete que aqueles que não estão com os Estados Unidos estão com os "terroristas".

Os bravos judeus israelenses que, numa oposição atuante e fervorosa à política do governo atual do seu país, ergueram a voz em nome dos apuros e dos direitos dos palestinos estão defendendo os interesses verdadeiros de Israel. Aqueles de nós que nos opomos aos planos do governo atual dos Estados Unidos de conquistar a hegemonia global são patriotas que falam pelos interesses dos Estados Unidos.

Além dessas lutas, dignas da nossa adesão ardorosa, é importante lembrar que a relação de causa e efeito em programas de resistência política é tortuosa e não raro indireta. Toda luta, toda resistência é — deve ser — concreta. E toda luta tem uma repercussão global.

Se não aqui, então lá. Se não agora, então em breve. Em outra parte, bem como aqui.

Ao arcebispo Oscar Arnulfo Romero.

A Rachel Corrie.

E a Ishai Menuchin e seus camaradas.

Literatura é liberdade

Discurso ao receber o prêmio Friedenspreis

Presidente Johannes Rau, ministro do Interior Otto Schily, ministra da Cultura Christina Weiss, prefeita de Frankfurt Petra Roth, vice-presidente do Bundestag Antje Vollmer, Vossas Excelências, outros convidados ilustres, colegas honrados, amigos... entre eles, caro Ivan Nagel:

Falar na Paulskirche,* diante de tal platéia, receber o prêmio conferido nos últimos cinqüenta e três anos pela Câmara Alemã do Livro a tantos escritores, pensadores e figuras públicas exemplares que eu admiro — falar, como digo, neste lugar impregnado de história e nesta ocasião, é uma experiência inspiradora e um exercício de humildade. Portanto, só posso lamentar mais ainda a ausência proposital do embaixador americano, senhor Daniel Coats, cuja recusa imediata, em junho, do convite da Câmara do Livro, quando foi anunciado o prêmio Friedenspreis deste ano, para comparecer à nossa reunião aqui hoje, mostra

---

* Igreja de São Paulo. Em 1848, foi sede do primeiro Parlamento alemão eleito democraticamente. (N. E.)

que ele está mais interessado em confirmar a posição ideológica e a reação rancorosa do governo Bush do que, cumprindo um dever diplomático normal, representar os interesses e a reputação do seu — e do meu — país.

O embaixador Coats optou por não estar aqui, suponho, em razão das críticas que manifestei em jornais e em entrevistas na tevê e em pequenos artigos em revistas, sobre a nova tendência radical da política externa americana, exemplificada pela invasão e ocupação do Iraque. Ele deveria estar aqui, creio, porque uma cidadã do país que ele representa na Alemanha foi condecorada com um prêmio alemão importante.

Um embaixador americano tem o dever de representar o seu país, todo ele. Eu, é claro, não represento os Estados Unidos, nem mesmo essa minoria considerável que não apóia o programa imperial do senhor Bush e seus conselheiros. Gosto de pensar que não represento nada, exceto a literatura, certa idéia de literatura, e a consciência, certa idéia de consciência ou dever, porém, ciente da honraria expressa neste prêmio concedido por um importante país europeu, que se refere ao meu papel como o de uma "embaixatriz intelectual" que lança uma ponte entre os dois continentes (embaixatriz no sentido mais fraco possível, meramente metafórico, nem é preciso dizer), não posso deixar de apresentar umas poucas reflexões sobre o renomado abismo entre a Europa e os Estados Unidos, que meus interesses e meu entusiasmo supostamente unem por meio de uma ponte.

Primeiro, trata-se de fato de um abismo — que continua a ser ligado por uma ponte? Ou não será isso também um conflito? Declarações coléricas, desdenhosas, a respeito da Europa, de certos países europeus, são agora moeda corrente na retórica política americana; e aqui, pelo menos nos países ricos do lado ocidental do continente, os sentimentos antiamericanos estão mais comuns, mais audíveis, mais destemperados do que nunca. O que é esse conflito? Tem raízes profundas? Creio que sim.

Sempre existiu um antagonismo latente entre a Europa e os Estados Unidos, tão complexo e ambivalente pelo menos quanto entre pai e filho. Os Estados Unidos são um país neo-europeu e, até as últimas décadas, foi amplamente povoado por povos europeus. Todavia, sempre foram as diferenças entre a Europa e os Estados Unidos que mais chocaram os observadores europeus mais sagazes: Alexis de Tocqueville, que visitou a jovem nação em 1831 e voltou à França para escrever o livro *Democracia na América*, ainda agora, cerca de cento e setenta anos depois, o melhor livro que existe sobre o meu país, e D. H. Lawrence, que oitenta anos atrás publicou o livro mais interessante jamais escrito sobre a cultura americana, o seu influente, irritante, *Estudos sobre a literatura clássica americana*, ambos compreenderam que os Estados Unidos, filhos da Europa, estavam se tornando, ou haviam se tornado, a antítese da Europa.

Roma e Atenas, Marte e Vênus. Os autores dos recentes tratados que preconizam a idéia do inevitável confronto de interesses entre a Europa e os Estados Unidos não inventaram essas antíteses. Estrangeiros refletiram sobre elas — e elas forneceram a paleta, a melodia recorrente, em boa parte da literatura americana do século XIX, desde James Fenimore Cooper e Ralph Waldo Emerson até Walt Whitman, Henry James, William Dean Howells e Mark Twain. A inocência americana e a afetação européia; o pragmatismo americano e o intelectualismo europeu; a energia americana e o tédio europeu; a ingenuidade americana e o ceticismo europeu; o bom coração americano e a malícia européia; o moralismo americano e a arte da tolerância européia — os senhores conhecem essas músicas.

Elas podem ser coreografadas de diferentes modos; de fato, foram dançadas com toda sorte de valoração ou inclinação durante dois séculos tumultuados. Os eurófilos podem usar as venerandas antíteses a fim de identificar os Estados Unidos com o barbarismo guiado pelo comércio e a Europa com a cultura elevada, ao passo que os eurófobos apóiam-se numa visão pré-fabricada na qual os Estados Unidos representam o idealismo, a abertura, a democracia, e a Europa, o refinamento esnobe e estiolador. Tocqueville e Lawrence observaram algo mais brutal: não apenas uma declaração de independência da Europa e dos valores europeus, mas uma firme impugnação, um assassinato dos valores e do poder europeus. "Nunca se pode ter uma coisa nova sem quebrar uma velha", escreveu Lawrence. "Aconteceu de a Europa ser a coisa velha. Os Estados Unidos [...] tinham de ser a coisa nova. A coisa nova é a morte da velha." Os Estados Unidos, adivinhou Lawrence, estavam numa missão de destruir a Europa, usando a democracia — sobretudo a democracia cultural, a democracia dos costumes — como instrumento. E quando essa tarefa estiver concluída, prosseguiu ele, os Estados Unidos poderão perfeitamente desviar-se da democracia rumo a uma outra coisa. (O que pode ser isso está, talvez, vindo à tona agora.)

Tenham paciência comigo se minhas referências foram exclusivamente literárias. Afinal, uma função da literatura — da literatura importante, da literatura necessária — é ser profética. O que temos aqui, de forma amplificada, é o perpétuo debate — literário ou cultural — entre os antigos e os modernos.

O passado é (ou foi) a Europa, e os Estados Unidos alicerçavam-se na idéia de romper com o passado, visto como um estorvo, um peso morto, e — em suas formas de deferência e superioridade, em seus critérios do que é superior e do que é melhor — fundamentalmente não democrático; ou "elitista", o sinônimo corrente predominante. Aqueles que falam de uma América triunfal continuam a sugerir que a democracia americana implica repudiar a Europa e, sim, abraçar certo barbarismo liberador e salutar. Se hoje a Europa é vista pela maioria dos americanos como mais socialista do que elitista, isso ainda faz da

Europa, pelos padrões americanos, um continente retrógrado, obstinadamente preso a padrões antigos: o Estado do bem-estar social. "Renovar" não é só um lema da cultura; também define uma máquina econômica que se move sempre para a frente e que abrange o mundo inteiro.

No entanto, se necessário, mesmo o "velho" pode ser rebatizado como "novo".

Não é por coincidência que o tenaz secretário de Defesa americano tenha tentado abrir uma cunha dentro da Europa — traçando a distinção, de forma memorável, entre a Europa "velha" (ruim) e a Europa "nova" (boa). Como é que a Alemanha, a França e a Bélgica vieram a ser classificadas de Europa "velha", ao passo que a Espanha, a Itália, a Polônia, a Ucrânia, a Holanda, a Hungria, a República Checa e a Bulgária se viram incluídas na Europa "nova"? Resposta: apoiar os Estados Unidos nas suas atuais ampliações do poder político e militar é, por definição, passar para a categoria mais desejável do "novo". Quem estiver conosco é "novo".

Todas as guerras modernas, mesmo quando seus objetivos são os tradicionais, como ampliação territorial ou obtenção de recursos escassos, são pintadas como confrontos de civilizações — guerras de culturas —, em que cada um dos lados declara ocupar a posição mais elevada, enquanto o outro é visto como bárbaro. O inimigo é sempre uma ameaça ao "nosso modo de vida", um infiel, um profanador, um conspurcador, um corruptor de valores mais elevados e melhores. A guerra atual contra a ameaça muito real representada pelo fundamentalismo islâmico é um exemplo particularmente claro. O que vale a pena ressaltar é que uma versão mais branda dos mesmos termos de desqualificação se encontra subjacente no antagonismo entre a Europa e os Estados Unidos. Devemos também lembrar que, historicamente, a retórica antiamericana mais virulenta que já se ouviu na Europa — que consistia, em essência, na acusação de que os americanos são bárbaros — proveio não da chamada esquerda, mas sim da extrema direita. Tanto Hitler quanto Franco imprecavam repetidamente contra os Estados Unidos (e um judaísmo mundial), empenhados em corromper a civilização européia com seus vis valores mercantis.

Obviamente, boa parte da opinião pública européia continua a admirar a energia americana, a versão americana do "moderno". E sem dúvida sempre houve americanos companheiros de viagem dos ideais culturais europeus (um deles está aqui, diante dos senhores), que vêem na antiga arte da Europa a correção e uma liberação dos tenazes preconceitos mercantis da cultura americana. E sempre houve as contrapartes de tais americanos: europeus fascinados, subjugados, profundamente atraídos pelos Estados Unidos, justamente por causa da sua diferença em relação à Europa.

O que os americanos vêem é quase o contrário do clichê eurófilo: vêem-se defendendo a civilização. As hordas bárbaras não estão mais do outro lado dos portões. Estão do lado de dentro, em todas as cidades prósperas, tramando a devastação. Os países "fabricantes de chocolate" (França, Alemanha, Bélgica) terão de ficar de fora, enquanto um país de "vontade" — e com Deus do seu lado — trava a batalha contra o terrorismo (agora fundido com a barbárie). Segundo o secretário de Estado Colin Powell, é ridículo para a Europa "velha" aspirar a algum papel no governo ou na administração dos territórios conquistados pela coalizão do conquistador. A ela faltam tanto os meios militares quanto o gosto pela violência e o apoio de seus protegidos, todos eles povos demasiado pacíficos. Já os americanos têm tudo à mão. Os europeus não estão no espírito evangélico — ou belicoso.

De fato, às vezes tenho de me beliscar para ter certeza de que não estou sonhando: aquilo que muitos em meu próprio país agora condenam na Alemanha, a qual desencadeou tantos horrores pelo mundo ao longo de quase um século — o novo "problema alemão", por assim dizer —, é que os alemães sentem repulsa pela guerra; que grande parte da opinião pública alemã é agora quase pacifista!

Mas será que os Estados Unidos e a Europa nunca foram parceiros, nunca foram amigos? Claro. Mas talvez seja verdade que os períodos de união — de sentimento comum — foram exceções, e não a regra. Um momento assim ocorreu entre a Segunda Guerra Mundial e o início da Guerra Fria, quando os europeus sentiam-se profundamente gratos pela intervenção, pelo socorro e pelo apoio americanos. Os americanos sentem-se confortáveis ao retratarem a si mesmos como os salvadores da Europa. No entanto os Estados Unidos querem que os europeus sejam gratos para sempre, e não é isso o que os europeus sentem agora. Do ponto de vista da Europa "velha", os Estados Unidos parecem inclinados a malbaratar a admiração — e a gratidão — sentida pela maioria dos europeus. A imensa solidariedade com os Estados Unidos no rescaldo do ataque do dia 11 de setembro de 2001 era genuína. (Posso dar testemunho do seu inequívoco ardor e sinceridade na Alemanha; eu estava em Berlim, na época.) Mas o que se seguiu foi um crescente estranhamento de ambas as partes.

Os cidadãos da nação mais rica e mais poderosa da história têm de saber que os Estados Unidos são amados, invejados... e que são objeto de ressentimento. Muitas pessoas que viajam para o exterior sabem que os americanos são vistos por muitos europeus como rudes, grosseiros, incultos, e não hesitam em responder a tais expectativas com um comportamento que sugere o *ressentimento* de ex-colonizados. E alguns europeus cultos que parecem ter o maior apreço em visitar ou em residir nos Estados Unidos atribuem a isso, de maneira condescendente, o ambiente liberador de uma colônia onde é possível desvencilhar-se das coerções e do fardo da alta cultura da "terra natal". Lembro-me de ter ouvido de um cineasta alemão, na ocasião residente em San Francisco, que ele adorava viver nos Estados Unidos "porque aqui não existe nenhuma cultura". Para não poucos europeus, inclusive, cumpre mencionar, D. H. Lawrence ("Lá a vida provém das raízes, rudes, porém vitais", escreveu ele para um amigo em 1915, quando fazia planos de ir morar nos Estados Unidos), os Estados Unidos eram a grande evasão. E vice-versa: a Europa foi a grande evasão para gerações de americanos em busca de "cultura". Claro, estou falando aqui só de minorias, minorias entre os privilegiados.

Portanto, os Estados Unidos agora vêem a si mesmos como os defensores da civilização e os salvadores da Europa e não entendem por que os europeus não se dão conta disso; e os europeus vêem os Estados Unidos como um temerário Estado guerreiro — imagem a que os americanos reagem vendo a Europa como inimiga dos Estados Unidos: ela apenas finge ser pacifista a fim de ajudar o enfraquecimento do poder dos Estados Unidos, assim reza a retórica que se ouve cada vez mais nos Estados Unidos. A França, em especial, é vista como se conspirasse para equiparar-se aos Estados Unidos, ou mesmo suplantá-los, na condução dos assuntos mundiais — "A operação América tem de dar errado" é o nome inventado por um colunista do *New York Times* para definir o ímpeto francês rumo à posição dominante —, em vez de compreender que uma derrota americana no Iraque (nas palavras do mesmo colunista) irá estimular "grupos muçulmanos radicais — de Bagdá até os bairros pobres muçulmanos de Paris" a insistirem na sua *jihad* contra a tolerância e a democracia.

É difícil para as pessoas não enxergarem o mundo em termos polarizados ("eles" e "nós"), e no passado esses termos reforçaram o teor isolacionista na política externa americana, assim como agora reforçam o teor imperialista. Os americanos se habituaram a pensar o mundo em termos de inimigos. Os inimigos estão em outra parte, assim como os combates estão quase sempre "lá longe", com o fundamentalismo islâmico agora tomando o lugar do comunismo russo ou chinês no papel de uma ameaça implacável e sorrateira. E "terrorista" é uma palavra mais flexível do que "comunista". Pode unificar um número maior de lutas e interesses muito diversos. Isso pode significar que a guerra é interminável — pois sempre vai existir algum terrorismo (como sempre vai haver pobreza e câncer); ou seja, sempre existirão conflitos assimétricos em que o lado mais fraco usa essa forma de violência, que em geral tem por alvo os civis. A retórica americana, que não coincide necessariamente com a opinião pública, daria apoio a essa perspectiva deplorável, pois a luta pelo que é correto nunca tem fim.

Está de acordo com a índole dos Estados Unidos, país profundamente conservador a um ponto que a Europa tem dificuldade em compreender, ter elaborado uma forma de pensamento conservador que celebra o novo em vez do velho. Mas isso também significa dizer que, da mesma forma que os Estados Unidos parecem extremamente conservadores — por exemplo, o extraordinário poder do consenso, a passividade e o conformismo da opinião pública (como Tocqueville observou em 1831) e da mídia —, são também radicais, e até revolucionários, de um modo que a Europa tem igualmente dificuldade em compreender.

Parte do enigma, sem dúvida, repousa na ausência de nexo entre a retórica oficial e a realidade vivida. Os americanos estão constantemente exaltando as "tradições"; as ladainhas em louvor dos valores da vida familiar ocupam o centro do discurso de qualquer político. No entanto a cultura dos Estados Unidos é extremamente corrosiva da vida familiar, a rigor corrosiva de todas as tradições, salvo aquelas redefinidas como "identidades" que se enquadram em critérios mais amplos de distinção, cooperação e abertura para a inovação.

Talvez a fonte mais importante do novo (e nem tão novo) radicalismo americano seja aquilo que se costumava encarar como a fonte dos valores conservadores: a saber, a religião. Muitos comentaristas observaram que talvez a maior diferença entre os Estados Unidos e a maioria dos países europeus (os velhos e também os novos, segundo a distinção americana corrente) seja o fato de que nos Estados Unidos a religião ainda desempenha um papel central na sociedade e na linguagem pública. Mas trata-se de religião no estilo americano: antes a idéia de religião do que a religião propriamente dita.

É verdade que, durante a campanha de Bush para a presidência em 2000, um jornalista teve a inspiração de pedir ao candidato que dissesse o nome do seu "filósofo favorito", e a resposta, bem recebida — resposta que transformaria em objeto de chacota qualquer candidato para um alto cargo de qualquer partido de centro em qualquer país europeu — foi "Jesus Cristo". Mas é claro que Bush não estava falando a sério nem foi interpretado como se estivesse dizendo que, se eleito, o seu governo iria sentir-se de fato obrigado a cumprir os preceitos e programas sociais pregados por Jesus.

Os Estados Unidos são uma sociedade genericamente religiosa. Ou seja, nos Estados Unidos não importa a qual religião você venha a aderir, contanto que tenha alguma. Ter uma religião governante, ou mesmo uma teocracia, que fosse apenas cristã (ou de uma denominação cristã específica) seria impossível. A religião nos Estados Unidos tem de ser uma questão de opção. Essa idéia de religião, moderna, relativamente sem conteúdo, construída segundo o modelo do direito de escolha do consumidor, é a base do conformismo americano, da sua crença na sua superioridade moral, e do seu moralismo (que os europeus muitas vezes confundem, de forma condescendente, com puritanismo). Quaisquer que sejam as crenças históricas que as diversas entidades religiosas americanas professam representar, todas pregam algo semelhante: a reforma do comportamento pessoal, o valor do sucesso, a cooperação comunitária, a tolerância com as opções dos outros (virtudes que impulsionam e abrem caminho para o funcionamento do capitalismo de consumo). O próprio fato de ser religioso assegura a respeitabilidade, promove a ordem e garante as intenções virtuosas da missão dos Estados Unidos de liderar o mundo.

O que é propagado — quer se chame democracia, liberdade ou civilização — é parte de uma obra em andamento, bem como a essência do progresso em si. Em nenhum outro lugar do mundo o sonho de progresso do Iluminismo encontrou um ambiente tão fértil como nos Estados Unidos.

Então, será que estamos mesmo tão separados assim? É estranho que, exatamente na hora em que a Europa e os Estados Unidos são, culturalmente, mais semelhantes do que nunca, se verifica uma separação maior do que nunca.

Todavia, a despeito de todas as semelhanças na vida cotidiana dos cidadãos dos países ricos europeus e dos americanos, o abismo entre a experiência européia e a americana é autêntico, fundado em relevantes diferenças de história, de idéias sobre o papel da cultura, de memórias reais e imaginárias. O antagonismo — pois existe antagonismo — não será resolvido no futuro imediato, apesar de toda a boa vontade de muita gente de ambos os lados do Atlântico. Contudo, só podemos lamentar aqueles que desejam exacerbar tais diferenças quando temos tanto em comum.

O predomínio dos Estados Unidos é um fato. Mas os Estados Unidos, como o atual governo começa a perceber, não podem fazer tudo sozinhos. O futuro de nosso mundo — o mundo que compartilhamos — é sincretista, impuro. Não estamos isolados uns dos outros. Fundimo-nos cada vez mais uns aos outros.

No fim, o modelo para qualquer entendimento — conciliação — que podemos alcançar repousa em refletir mais a respeito da veneranda oposição "velho" e "novo". A oposição entre "civilização" e "barbárie" é essencialmente arbitrária; pensar nela e falar a seu respeito de forma categórica é algo corruptor — por mais que ela possa refletir certas realidades inegáveis. Mas a oposição "velho" e "novo" é genuína, inerradicável, está no centro do que entendemos como a experiência em si mesma.

"Velho" e "novo" são os pólos permanentes de todo sentimento e de todo sentido de orientação no mundo. Não podemos viver sem o velho, porque no velho se encontra investido todo o nosso passado, nossa sabedoria, nossas memórias, nossa tristeza, nosso sentido de realismo. Não podemos viver sem a fé no novo, porque no novo se encontra investida toda a nossa energia, nossa capacidade de otimismo, todo o nosso cego anseio biológico, nossa capacidade de esquecer — o dom de curar que torna possível toda reconciliação.

A vida interior tende a desconfiar do novo. Uma vida interior desenvolvida com vigor será especialmente refratária ao novo. Dizem-nos que temos de escolher — o velho ou o novo. Na verdade, temos de escolher ambos. O que é uma vida, senão uma série de transições entre o velho e o novo? Parece-me que deveríamos sempre nos empenhar em escapar dessas oposições inflexíveis.

Velho *versus* novo, natureza *versus* cultura — talvez seja inevitável que os grandes mitos da nossa vida cultural sejam representados como geografia, e não só como história. Porém eles são mitos, clichês, estereótipos, e nada mais; a realidade é muito mais complexa.

Boa parte da minha vida foi dedicada a tentar desmistificar maneiras de pensar que polarizam e opõem. Traduzido em política, isso significa favorecer o que é pluralista e secular. A exemplo de alguns americanos e europeus, gostaria muito mais de viver num mundo multilateral — um mundo que não fosse dominado por nenhum país (o meu inclusive). Num século que já promete ser mais um século de excessos, de horrores, eu poderia expressar o meu apoio a todo um arsenal de princípios melioristas — em especial, aquilo que Virginia Woolf chama de "virtude melancólica da tolerância".

Em vez disso, permitam-me falar primeiro como escritora, como uma defensora da missão da literatura, pois aí repousa minha única autoridade.

A escritora que há em mim desconfia da boa cidadã, da "embaixatriz intelectual", da ativista dos direitos humanos — papéis mencionados na apresentação deste prêmio, por mais que eu me empenhe neles. A escritora é mais cética, tem mais dúvidas a respeito de si mesma, do que a pessoa que tenta fazer (e apoiar) o que é certo.

Uma das tarefas da literatura é questionar e construir contra-afirmações às crenças dominantes. E mesmo quando a arte não é de oposição, as artes gravitam rumo à contrariedade. Literatura é diálogo; receptividade. A literatura pode ser definida como a história da receptividade humana em relação ao que está vivo e ao que está moribundo, à medida que as culturas se desenvolvem e interagem umas com as outras.

Os escritores podem fazer alguma coisa para combater esses clichês sobre a nossa separação, a nossa diferença — pois escritores são criadores, não só transmissores, de mitos. A literatura oferece não só mitos, mas contramitos, assim como a vida oferece contra-experiências — experiências que perturbam aquilo que pensávamos pensar, sentir ou acreditar.

Um escritor, quero crer, é alguém que presta atenção no mundo. Isso significa que ele tenta compreender, assimilar, incorporar qualquer maldade que os seres humanos são capazes de praticar, e não se corromper — tornar-se cínico, superficial — por conta de tal compreensão.

A literatura pode nos dizer como o mundo parece ser.

A literatura pode fornecer critérios e transmitir um conhecimento profundo, encarnado na língua, na narrativa.

A literatura pode treinar, exercitar, a nossa capacidade de chorar por aqueles que não são nós, nem nossos.

Quem seríamos se não pudéssemos sentir solidariedade com aqueles que não são nós, nem nossos? Quem seríamos se não pudéssemos esquecer a nós mesmos, pelo menos uma parte do tempo? Quem seríamos se não pudéssemos aprender? Perdoar? Tornar-nos-íamos outra pessoa, que não nós mesmos?

No momento em que recebo este prêmio glorioso, este glorioso prêmio alemão, permitam-me contar algo da minha própria trajetória.

Sou da terceira geração americana de descendentes de judeus poloneses e lituanos e nasci duas semanas antes de Hitler chegar ao poder. Cresci em regiões provincianas dos Estados Unidos (Arizona e Califórnia), longe da Alemanha e, contudo, minha infância inteira foi assombrada pela Alemanha, pela monstruosidade da Alemanha, pelos livros alemães e pela música alemã, que eu adorava, e que estabeleceu o meu padrão do que é elevado e profundo.

Ainda antes de Bach, Beethoven, Mozart, Schubert e Brahms,

houve alguns livros alemães. Estou pensando num professor numa escola primária numa pequena cidade no sul do Arizona, o senhor Starkie, que espantava os seus alunos contando que havia lutado no Exército de Pershing, no México, contra Pancho Villa: esse veterano de uma antiga aventura imperialista americana, ao que parece, sentiu-se tocado, em tradução, pelo idealismo da literatura alemã e, ao se dar conta da minha fome especial de livros, emprestou-me seus exemplares de *Os sofrimentos do jovem Werther* e *Immensee*.

Pouco depois, na minha orgia infantil de leitura, o acaso levou-me a outros livros alemães, inclusive *Na colônia penal*, de Kafka, onde descobri o pavor e a injustiça. Poucos anos mais tarde, quando eu era aluna do ensino médio, em Los Angeles, descobri tudo da Europa num romance alemão. Nenhum livro foi mais importante na minha vida do que *A montanha mágica* — cujo tema é, exatamente, o choque dos ideais que estão no cerne da civilização européia. E assim por diante, no decorrer de uma vida longa, impregnada da alta cultura alemã. De fato, depois dos livros e da música, que, em função do deserto cultural em que eu vivia, foram experiências quase clandestinas, vieram as experiências reais. Pois sou também uma tardia beneficiária da diáspora cultural alemã e tive a felicidade de conhecer bem alguns dos refugiados de Hitler incomparavelmente talentosos, os escritores, artistas, músicos e professores que os Estados Unidos receberam na década de 1930 e que tanto enriqueceram o país, sobretudo as universidades. Permitam-me que cite o nome de dois deles, que tive o privilégio de ter como amigos entre o fim da adolescência e os meus vinte e poucos anos: Hans Gerth e Herbert Marcuse; aqueles com quem tive aula na Universidade de Chicago e em Harvard: Christian Mackauer, Leo Strauss, Paul Tillich, Peter Heinrich von Blanckenhagen, e em seminários particulares, Aron Gurwitsch e Nahum Glatzer; e Hannah Arendt, a quem conheci depois que me mudei para Nova York, por volta dos meus vinte e cinco anos — são muitos os modelos de seriedade, cuja memória eu gostaria de evocar aqui.

Mas nunca esquecerei que o meu envolvimento com a cultura alemã, com a seriedade alemã, começou com o obscuro e excêntrico senhor Starkie (acho que eu nunca soube o seu prenome), meu professor quando eu tinha dez anos de idade e que nunca mais voltei a ver.

E isso me leva a uma história, com a qual concluo — de modo apropriado, ao que parece, pois não sou prioritariamente nem embaixatriz cultural nem crítica ferrenha do meu próprio governo (tarefa que desempenho como uma boa cidadã americana). Sou contadora de histórias.

Assim, lá estava eu aos dez anos de idade, e encontrava algum alívio das enfadonhas tarefas de ser criança queimando as pestanas sobre os surrados volumes de Goethe e Storm que pertenciam ao senhor Starkie. Ao mesmo tempo, estou me referindo ao ano de 1943, quando eu tinha consciência de que havia um campo de prisioneiros com milhares de soldados alemães — soldados nazistas, como eu obviamente pensava neles — na região norte do estado, eu sabia que era judia (ainda que só formalmente, pois meus familiares eram totalmente seculares e assimilados já fazia duas gerações; mas, formalmente, eu sabia, isso já era o suficiente para os nazistas), e eu era perseguida por um pesadelo recorrente em que soldados nazistas fugiam da prisão, conseguiam chegar até a cidade onde eu morava, com minha mãe e minha irmã, e estavam à beira de me matar.

Vamos dar um salto para muitos anos depois disso, na década de 1970, quando meus livros começaram a ser publicados pela editora Hanser Verlag e conheci o ilustre Fritz Arnold (ele havia ingressado na empresa em 1965), que foi o meu editor na Hanser até sua morte, em 1999.

Numa das primeiras ocasiões em que estivemos juntos, Fritz disse que queria me contar — supondo, presumo, que isso fosse um pré-requisito para qualquer amizade que pudesse surgir entre nós — o que ele tinha feito durante a guerra. Garanti-lhe que não me devia nenhuma explicação desse tipo; mas, é claro, fiquei comovida por ele ter levantado o assunto. Devo acrescentar que Fritz Arnold não foi o único alemão ou alemã da sua geração (ele nasceu em 1916) que, pouco depois de me conhecer, insistiram em contar o que tinham feito durante a época dos nazistas. E nem todas as histórias eram inocentes como a que ouvi de Fritz.

De todo modo, Fritz me contou que era estudante universitário de literatura e história da arte, primeiro em Munique, depois em Colônia, quando, no início da guerra, foi convocado para a Wehrmacht, com o posto de cabo. Sua família, é claro, nada tinha de pró-nazista — seu pai era Karl Arnold, o célebre cartunista político de *Simplicissimus* —, mas a emigração parecia algo fora de questão e ele aceitou, com temor, a convocação para o serviço militar, com a esperança de não matar nem ser morto.

Fritz foi um dos que tiveram sorte. Sorte de ter ficado primeiro em Roma (onde rejeitou o convite do seu superior para ser promovido a tenente), depois em Túnis; teve muita sorte ao ficar por trás das linhas e nunca ter disparado uma arma; e por fim a sorte, se essa é a palavra correta, de ter sido feito prisioneiro pelos americanos em 1943, levado de navio para o outro lado do Atlântico junto com outros soldados alemães capturados, até Norfolk, na Virgínia, e depois transportado de trem para o outro lado do continente, onde passou o resto da guerra num campo de prisioneiros... no norte do Arizona.

Assim tive o prazer de contar a ele, suspirando de espanto, pois eu já começara a sentir um grande carinho por aquele homem — isso foi o início de uma grande amizade, bem como de uma profunda relação profissional —, que enquanto ele era prisioneiro de guerra no norte do Arizona, eu estava no sul do estado, aterrorizada com os soldados nazistas que estavam lá, *aqui*, e dos quais não havia como fugir.

E então Fritz me contou que o que lhe permitiu resistir durante os quase três anos no campo de prisioneiros no Arizona foi a autorização de ler livros: ele passou aqueles anos lendo e relendo os clássicos americanos e ingleses. E eu lhe contei que o que me salvou quando eu era estudante no Arizona, à espera de crescer, à espera da hora de fugir para uma realidade mais ampla, foi ler livros, livros traduzidos e também escritos originalmente em inglês.

Ter acesso à literatura, à literatura do mundo, era escapar da prisão da futilidade nacional, da vulgaridade, do provincianismo compulsório, do ensino vazio, dos destinos imperfeitos e da má sorte. A literatura era o passaporte para entrar numa vida mais ampla; ou seja, a região da liberdade.

Literatura era liberdade. Sobretudo numa época em que os valores da leitura e da introspecção são tão tenazmente contestados, a literatura *é* liberdade.

Ao mesmo tempo:
O romancista e a discussão moral
Conferência Nadine Gordimer

Muito tempo atrás — no século XVIII — um grande e excêntrico defensor da literatura e da língua inglesa — tratava-se do dr. Johnson — escreveu, no prefácio ao seu *Dicionário*: "A maior glória de todos os povos provém de seus escritores".

Uma afirmação nada convencional, desconfio, mesmo naquela época. E mais ainda hoje, embora eu creia que ainda seja verdade. Mesmo no início do século XXI. Claro, estou falando de glória permanente, não transitória.

Muitas vezes me perguntam se existe algo que eu ache que os escritores *devem* fazer, e há pouco tempo, numa entrevista, eu me ouvi respondendo: "Várias coisas. Amar as palavras, pensar muito em cada frase. E prestar atenção no mundo".

Nem é preciso dizer que, assim que essas expressões despretensiosas caíram da minha boca, pensei em mais algumas fórmulas para a virtude do escritor.

Por exemplo: "Seja sério". Pelo que entendo: Nunca seja cínico. E isso *não* impede de ser engraçado.

E... se me permitem mais uma: "Trate de nascer num tempo em que você tenha uma boa *probabilidade* de ser elevado e influenciado por Dostoiévski, Tolstói, Turguêniev e Tchekhov".

A verdade é que, qualquer que seja a idéia que nos ocorra quando se trata de dizer o que um escritor deve ser *idealmente*, sempre existe algo mais. Todas essas definições nada significam sem exemplos. Portanto, se me pedissem que desse o nome de um escritor vivo que exemplifica tudo aquilo que um escritor pode ser, eu imediatamente pensaria em Nadine Gordimer.

Um grande escritor de ficção *cria* — por meio de atos de imaginação, por meio de uma linguagem que parece inevitável, por meio de formas vívidas — um mundo novo, um mundo único, individual; e ao mesmo tempo *reage* a um mundo, o mundo que o escritor compartilha com outras pessoas, mas que é desconhecido ou mal conhecido por um número de pessoas ainda maior, pessoas confinadas em seus próprios mundos: chamem a isso história, sociedade, o que quiserem.

A obra vasta, de eloqüência impressionante, e extremamente diversificada, de Nadine Gordimer é, antes de tudo, um tesouro de seres humanos em *situações*, histórias guiadas por personagens. Seus livros trouxeram para nós a sua imaginação, que agora é parte da imaginação de seus muitos leitores em todo o mundo. Em especial, eles trouxeram para nós que não somos sul-africanos um retrato muito vasto da parte do mundo da qual ela é nativa e na qual prestou uma atenção muito exigente e responsável.

Sua atitude exemplar e influente durante as muitas décadas da luta revolucionária pela justiça e pela igualdade na África do Sul, sua solidariedade natural com lutas semelhantes em várias partes do mundo têm sido reconhecidamente celebradas. Poucos escritores de primeira linha, hoje, cumpriram as múltiplas tarefas éticas ao alcance de um escritor de consciência e de grande talento intelectual de modo tão dedicado, vigoroso e destemido como o fez Nadine Gordimer.

Mas, é claro, a primeira tarefa de um escritor é escrever bem. (E continuar escrevendo bem. Nem consumir-se, nem esgotar-se.) No fim — vale dizer, do ponto de vista da literatura — Nadine Gordimer não é representativa de ninguém nem de nada, senão de si mesma. E da nobre causa da literatura.

Não deixemos que a ativista dedicada jamais encubra a dedicada serva da literatura — a incomparável contadora de histórias.

Escrever é saber uma coisa. Que prazer ler um escritor que sabe muita coisa. (Uma experiência rara hoje em dia...) Literatura, eu diria, *é* conhecimento — ainda que conhecimento imperfeito, mesmo nos melhores casos. Como *todo* conhecimento.

Porém, mesmo agora, mesmo agora, a literatura permanece como um de nossos principais modos de compreensão. E Nadine Gordimer entende muito de vida privada — de laços de família, afetos de família; dos poderes de Eros — e das contraditórias demandas que as lutas na arena pública podem impor a um escritor sério.

Todos em nossa cultura degenerada nos conclamam a *simplificar* a realidade, a *desprezar* a sabedoria. Existe bastante sabedoria na obra de Nadine Gordimer. Ela articulou uma visão complexa e admirável do coração humano e as contradições inerentes a viver na literatura e na história.

É uma honra singular ser convidada para apresentar a primeira Conferência Nadine Gordimer e ter a oportunidade — esta maravilhosa oportunidade — de render homenagem àquilo que sua obra significou para mim, para todos nós, com sua lucidez, paixão, eloqüência e fidelidade à idéia da *responsabilidade* do escritor com a literatura e com a sociedade.

Por literatura, entendo a literatura no sentido normativo, o sentido em que a literatura encarna e defende padrões elevados. Por sociedade, entendo a sociedade no sentido normativo, também — o que sugere que um grande escritor de ficção, ao escrever com veracidade sobre a sociedade em que vive, não pode deixar de evocar (ainda que por sua ausência) os melhores padrões de justiça e de veracidade, pelos quais temos o direito (alguns diriam, o dever) de militar nas sociedades necessariamente imperfeitas em que vivemos.

Obviamente, penso no escritor de romances, contos e peças como um agente moral. De fato, essa concepção de escritor é um dos muitos contatos entre a idéia de literatura de Nadine Gordimer e a minha. Na minha visão, e creio que na de Nadine Gordimer, um escritor de ficção dedicado à literatura é, necessariamente, alguém que pensa a respeito de problemas morais: sobre o que é justo e injusto, o que é melhor ou pior, o que é repulsivo e admirável, o que é lamentável e o que inspira alegria e aprovação. Isso não implica moralizar, em nenhum sentido direto ou bruto. Escritores de ficção séria pensam a respeito de problemas morais *de forma prática*. Contam histórias. Narram. Evocam nossa humanidade comum em narrativas com as quais podemos nos identificar, muito embora a vida possa ser distante da nossa vida. Eles estimulam a nossa imaginação. As histórias que contam, ampliam e complicam — e, portanto, aprimoram — a nossa solidariedade. Eles educam a nossa capacidade de juízo moral.

Quando digo que o escritor de ficção narra, quero dizer que a história tem uma forma; um começo, um meio (devidamente chamado de desenvolvimento) e um fim ou solução. Todo escritor de ficção deseja contar muitas histórias, mas sabemos que não podemos contar *todas* as histórias — sem dúvida, não de forma simultânea. Sabemos que temos de escolher uma história, digamos, uma história *central*; temos de ser seletivos. A arte do escritor é encontrar o máximo possível nessa história, nessa seqüência... *nesse* tempo (a cronologia de uma história), nesse espaço (a geografia concreta da história). "Há tantas histórias para contar", medita a voz do *alter ego* no monólogo que abre o meu último romance, *Na América*. "Há tantas histórias para contar, é difícil dizer por que se escolhe uma e não outra, deve ser porque com essa história se tem a sensação de que é possível contar muitas histórias, a sensação de que haverá nela alguma necessidade; vejo que estou explicando mal... Tem de ser algo parecido com se apaixonar. O que quer que explique por que escolhemos essa história... não vai explicar grande coisa. Uma história, quero dizer, uma história longa, um romance, é como uma volta ao mundo em oitenta dias: mal conseguimos lembrar o início, quando chegamos ao final."

Um romancista, portanto, é alguém que nos leva para uma viagem. Pelo espaço. Pelo tempo. Um romancista guia o leitor na travessia de um abismo, faz algo ir a um lugar onde não está.

Há uma antiga máxima que sempre imaginei ter sido inventada por um estudante universitário de filosofia (como eu mesma fui, um dia), tarde da noite, quando lutava para vencer a abstrusa exposição de Kant na sua *Crítica da razão pura* sobre as quase incompreensíveis categorias de tempo e espaço, e resolveu que tudo aquilo poderia ser dito de forma muito mais simples.

É assim:

"O tempo existe para que tudo não aconteça de uma vez só... e o espaço existe para que não aconteça tudo com você."

Segundo esse critério, o romance é um veículo ideal de espaço e também de tempo. O romance nos mostra o tempo: ou seja, tudo não acontece de uma vez só. (É uma seqüência, uma linha.) Ele nos mostra o espaço: ou seja, o que acontece não acontece a uma pessoa só.

Em outras palavras, é criação não só de uma voz, mas de um mundo. Imita as estruturas essenciais segundo as quais experimentamos a nós mesmos como viventes no tempo, habitantes de um mundo; pessoas que tentam compreender o sentido da própria experiência. Mas o romance não faz o que as vidas (as vidas que são vividas) *não podem* oferecer, exceto depois que terminam. Ele confere — e retira — significado ou sentido a uma vida. Isso é possível porque a narração é possível, porque existem normas de narração que são tão constitutivas do pensar, do sentir e do experimentar, como são, na visão de Kant, as categorias mentais de espaço e tempo.

Uma forma *espacial* de conceber a ação humana é um traço intrínseco da imaginação do romancista, mesmo quando a intenção principal de determinada ficção é precisamente afirmar a impossibilidade de um mundo autenticamente espacial, como nas narrativas claustrofóbicas de Samuel Beckett e Thomas Bernhard.

Uma convicção da riqueza potencial da nossa existência *no tempo* é também característica da imaginação que é especificamente romanesca, ainda quando a intenção do romancista — de novo poderíamos citar Beckett e Bernhard — é ilustrar a futilidade e o caráter repetitivo da ação no tempo. A exemplo do mundo em que vivemos de fato, os mundos que os romancistas criam possuem uma história e também uma geografia. Não seriam romances se não fosse assim.

Noutras palavras — e mais uma vez —, o romance conta uma história. Não quero dizer apenas que o conteúdo de um romance é a história, a qual é depois distribuída ou organizada em uma narrativa literária, de acordo com diversas idéias de forma. Estou ponderando que ter uma história para contar é a principal propriedade *formal* de um romance; e que o romancista, a despeito da complexidade dos seus meios, é condicionado — liberado — pela lógica fundamental da narração.

O esquema essencial da narração é linear (mesmo quando é anticronológico). Parte de um "antes" (ou: "no início") para um "durante", até um "por fim" ou "depois". Mas isso é muito mais do que a seqüência habitual, assim como o tempo vivido — que se estende com sentimento e se encolhe com o embotamento do sentimento — não é uniforme, o tempo do relógio. A tarefa do romancista consiste em vivificar o tempo, bem como em animar o espaço.

A dimensão do tempo é essencial para a prosa de ficção, mas não para a poesia (ou seja, poesia lírica), se me permitem invocar a velha idéia de um sistema bipartidário para a literatura. A poesia situa-se no presente. Poemas, mesmo quando contam histórias, não são *como* histórias.

Uma diferença se encontra no papel da metáfora, que, eu diria, é *necessária* na poesia. De fato, na minha opinião, é tarefa do poeta — uma das tarefas — inventar metáforas. Uma das fontes fundamentais do entendimento humano é aquilo que pode ser chamado de sentido "pictórico", alcançado mediante a comparação de uma coisa com outra. Aqui estão alguns exemplos veneráveis, familiares (e plausíveis) a todos:

> o tempo como o fluxo de um rio;
> a vida como um sonho;
> a morte como o sono;
> o amor como uma doença;
> a vida como uma peça ou um palco;
> a sabedoria como uma luz;
> os olhos como estrelas;
> o livro como um mundo;
> o ser humano como uma árvore;
> a música como alimento;
> etc. etc.

Um grande poeta é alguém que refina e elabora o grande acervo histórico de metáforas e aumenta o nosso estoque de metáforas. As metáforas proporcionam uma forma profunda de entendimento, e muitos romancistas — mas nem de longe todos eles — recorreram a metáforas. A apreensão da experiência por meio da metáfora não constitui o entendimento *distintivo* proporcionado pelos grandes romancistas. Virginia Woolf não é uma romancista melhor do que Thomas Bernhard porque ela usa metáforas e ele não.

O entendimento do romancista é temporal, mais do que espacial ou pictórico. Seu veículo é um sentido de tempo que lhe foi transmitido — o tempo vivenciado como uma arena de luta, de conflito ou de escolha. Todas as histórias são sobre batalhas, lutas de um tipo ou outro, que terminam em vitória e em derrota. Tudo se move rumo ao fim, quando o desfecho será conhecido.

"O moderno" é uma idéia, uma idéia muito radical, que continua a se desenvolver. Estamos agora numa segunda fase da ideologia do moderno (que recebeu o nome pretensioso de "pós-moderno").

Na literatura, em geral se considera que o moderno remonta a Flaubert, o primeiro romancista integralmente autoconsciente, que parecia moderno, ou avançado, porque se preocupava com a sua prosa, julgava-a segundo critérios rigorosos — como ritmo, economia, precisão, densidade — que pareciam reverberar inquietações até então restritas ao domínio da poesia.

Flaubert também proclamou a guinada rumo à "abstração", característica das estratégias modernas de criar e defender a arte negando a primazia do tema. Certa vez, ele descreveu *Madame Bovary*, romance com um tema e uma história configurados de forma clássica, como um romance sobre a cor marrom. Em outra ocasião, Flaubert disse que era sobre... nada.

Claro, ninguém achou que *Madame Bovary* fosse de fato sobre a cor marrom ou sobre "nada". O que é exemplar é o grau do escrúpulo com a escrita — o perfeccionismo, se preferirem — que essas hipérboles evidentes implicam. Sobre Flaubert, poderíamos repetir o que Picasso disse a respeito de Cézanne: o que prende todo romancista sério a Flaubert é, mais ainda do que a sua obra, a sua inquietação.

Esse início do "moderno" na literatura ocorreu na década de 1850. Um século e meio é um tempo bastante longo. Muitas atitudes, escrúpulos e recusas associadas com "o moderno" na literatura — bem como nas demais artes — começaram a parecer convencionais ou mesmo estéreis. E, em certa medida, esse juízo se justifica. Todas as idéias sobre literatura, mesmo a mais exigente ou liberadora, podem tornar-se uma forma de afetação intelectual ou de autocongratulação.

A maior parte das idéias sobre literatura é reativa — na mão de talentos inferiores, meramente reativa. Mas o que está acontecendo nos repúdios apresentados no debate em curso sobre o romance ultrapassa o processo usual pelo qual talentos novos precisam repudiar idéias antigas de excelência literária.

Na América do Norte e na Europa vivemos hoje, creio que é justo dizê-lo, um período de *reação*. Nas artes ele assume a forma de uma reação intimidadora contra as grandes obras modernistas, tidas como difíceis demais, exigentes demais com o público, inacessíveis (ou "não amigáveis"). E na política, ele assume a forma de uma rejeição de qualquer tentativa de avaliar a vida pública pelo que é desdenhado como meros ideais.

Na era moderna, o apelo a um retorno ao realismo nas artes muitas vezes anda de mãos dadas com o reforço do realismo cínico no discurso político.

Hoje, a maior ofensa de todas, tanto na arte como na cultura em geral, para não falar da vida política, é dar a impressão de defender algo melhor, um padrão mais exigente, que é atacado, tanto pela esquerda como pela direita, como ingênuo ou como "elitista" (uma nova bandeira dos filisteus).

Declarações da morte do romance — ou na sua nova forma, do fim dos livros — têm sido, é claro, um dos pratos principais do debate sobre literatura há quase um século. Mas recentemente elas alcançaram uma nova virulência e uma nova persuasão teórica.

Desde a época em que os processadores de textos tornaram-se ferramentas comuns para a maioria dos escritores — inclusive para mim —, existem aqueles que afirmam que agora existe um futuro novo e glorioso para a ficção.

O argumento é o seguinte:

O romance, como o conhecemos, chegou ao seu fim. Porém não há motivo para se lamentar. Algo melhor (e mais democrático) vai substituí-lo: o hiper-romance, que será escrito no espaço não linear ou não seqüencial, viabilizado pelo computador.

Esse novo modelo de ficção propõe liberar o leitor dos dois sustentáculos do romance tradicional: a narrativa linear e o autor. O leitor, cruelmente obrigado a ler uma palavra depois da outra para chegar ao fim de uma sentença, um parágrafo depois do outro para chegar ao fim de uma cena, vai exultar ao saber que, segundo uma explicação, sua "verdadeira liberdade" é possível agora graças ao advento do computador: "a liberdade da tirania da linha". Um hiper-romance "não tem início; é reversível; temos acesso a ele por várias entradas, e nenhuma delas pode ser classificada oficialmente como a principal". Em vez de seguir uma história linear determinada pelo autor, o leitor pode navegar à vontade numa "interminável vastidão de palavras".

Acho que a maioria dos leitores — certamente, quase *todos* os leitores — ficarão admirados em saber que a narração estruturada — desde o esquema início-meio-fim mais elementar dos contos tradicionais até narrativas não cronológicas, plurivocais, construídas de modo mais elaborado — é na verdade uma forma de opressão, e não uma fonte de prazer.

De fato, o que interessa à maioria dos leitores na ficção é exatamente a história — sejam contos de fadas, romances policiais ou as complexas narrativas de Cervantes, Dostoiévski, Jane Austen, Proust e Italo Calvino. A história — a idéia de que os eventos ocorrem numa ordem causal específica — é a maneira como vemos o mundo e aquilo que nele mais nos interessa. Quem lê sem pensar em mais nada, lê pela trama.

Contudo, os defensores da hiperficção afirmam que achamos a trama "limitadora" e ficamos em atrito com as suas limitações. Afirmam que sofremos e desejamos nos libertar da tirania ancestral do autor, que determina como a história vai terminar, e queremos ser leitores verdadeiramente ativos, que a qualquer momento da leitura do texto podem escolher entre várias continuações alternativas, ou desfechos da história, reordenando os blocos de texto. A hiperficção é por vezes considerada uma imitação da vida real, com a sua infinidade de oportunidades e de desfechos surpreendentes, portanto suponho que ela esteja sendo apregoada como uma espécie de realismo supremo.

A isso eu responderia que, embora seja verdade que pretendemos organizar nossa vida e entender seu sentido, não pretendemos escrever os romances dos outros. E uma das fontes de que dispomos para nos ajudar a entender o sentido de nossa vida, fazer escolhas e propor e aceitar critérios para nós mesmos, é a nossa experiência de vozes confiáveis *singulares*, não a nossa própria voz, que constitui esse grande corpo de obras que educa o coração e os sentimentos e nos ensina a estar no mundo, que incorpora e defende as glórias da língua (ou seja, expande o instrumento fundamental da consciência): a saber, *a literatura.*

O mais verdadeiro é que o hipertexto — ou eu deveria dizer a ideologia do hipertexto? — é ultrademocrático e, portanto, está em total harmonia com os apelos demagógicos em favor da democracia cultural que acompanham a dominação cada vez mais coercitiva do capitalismo plutocrático (e distrai dele a nossa atenção).

Essa proposta de que o romance do futuro não terá *nenhuma* história, ou antes terá uma história urdida pelo leitor (ou antes, pelos *leitores*), é muito claramente destituída de apelo e, caso venha a ser aplicada, levará de forma inevitável não à tão propalada morte do autor, mas sim à extinção do leitor — *todos* os futuros leitores do que é classificado como "literatura". É fácil ver que isso só poderia ser uma invenção da crítica literária *acadêmica*, que passou a ser dominada por uma infinidade de idéias que exprimem a mais veemente hostilidade ao próprio projeto da literatura em si.

Mas essa idéia vai além.

Tais proclamações de que o livro e o romance em especial estão terminando não podem ser simplesmente atribuídas à maldade acarretada pela ideologia que passou a dominar os departamentos de literatura em muitas universidades importantes dos Estados Unidos e na Europa Ocidental. (Não sei até que ponto isso é verdade na África do Sul.) A força verdadeira por trás da argumentação contra a literatura, contra os livros, deriva, quero crer, da hegemonia do modelo proposto pela televisão.

Um romance *não* é uma série de propostas, uma lista ou coleção de programas, ou o itinerário de um passeio (de final aberto, passível de revisão). É a viagem em si mesma — feita, vivenciada e concluída.

A completude não significa que tudo foi dito. Henry James, quando se aproximava do fim da redação do seu romance mais importante, *O retrato de uma senhora*, confidenciou a si mesmo em seu caderno de anotações a sua preocupação com o fato de que os leitores pudessem pensar que o romance não estava terminado de fato, de que ele "não tivesse acompanhado a heroína até o final do seu problema". (Como vocês se lembram, James deixa a sua heroína, a brilhante e idealista Isabel Archer, resolvida a não largar o seu marido, que ela descobriu ser um canalha mercenário, embora exista um pretendente anterior, muito adequadamente chamado Caspar Goodwood, que, ainda apaixonado, tem esperança de que ela mude de idéia.) Porém, argumenta James para si mesmo, o seu romance estaria concluído de forma correta com essa situação. Como escreveu James: "O *todo* de qualquer coisa nunca é contado; só podemos apreender aquilo que se agrupa. O que fiz possui essa unidade — se agrupa. É completo em si mesmo".

Nós, leitores de James, podemos desejar que Isabel Archer deixe o marido horroroso em troca da felicidade com o amável, fiel e honrado Caspar Goodwood: eu certamente gostaria que ela assim fizesse. Mas James está nos dizendo que ela não o fará.

Toda trama ficcional contém indícios e vestígios das histórias que ela excluiu, ou a que resistiu, a fim de assumir a sua forma presente. Alternativas para a trama devem se manter sensíveis até o último instante. Essas alternativas constituem o potencial para a desordem (e, portanto, para o suspense), no desdobrar da história.

A pressão para que os fatos se passem de forma diferente está por trás de todas as reviravoltas infelizes, de todos os novos desafios no caminho para um desfecho estável. Os leitores contam com essas linhas de resistência para manter a narrativa instável, permeada pela ameaça de algum conflito adicional — até que seja alcançado um ponto final de equilíbrio: uma solução que pareça menos arbitrária e provisória do que os invariavelmente ilusórios momentos de imobilidade presentes no corpo da história. A construção de uma trama consiste em achar momentos de estabilidade e depois gerar novas tensões narrativas que desfaçam tais momentos — até que o fim seja alcançado.

O que chamamos de um fim "adequado" de um romance é um outro equilíbrio — um equilíbrio que, se for planejado de forma adequada, terá um *status* claramente distinto. Esse final irá nos persuadir de que as tensões inerentes a qualquer história difícil foram suficientemente respondidas. Elas perderam o seu poder de produzir novas mudanças relevantes. São postas em xeque pela capacidade que tem um final de lacrar tudo.

Os finais num romance conferem uma espécie de liberdade que a vida teimosamente nos nega: chegar a um ponto final, que não é a morte, e descobrir exatamente onde estamos em relação aos fatos que levam a uma conclusão. Aqui, nos diz o final, está o último trecho de uma experiência total hipotética — cuja força e autoridade avaliamos pelo tipo de esclarecimento que ela traz aos eventos da trama, sem uma coerção indevida.

Se um final parece estar lutando para alinhar as forças em conflito na narrativa, é provável que tiremos a conclusão de que existem defeitos na estrutura narrativa, oriundos talvez da falta de controle ou de uma confusão, por parte do contador de histórias, sobre aquilo que a história é capaz de sugerir.

O prazer da ficção reside justamente em que ela se desloca rumo a um final. E um final que satisfaz é um final que exclui. O que não é capaz de ligar-se ao padrão de esclarecimento do desfecho da história, o escritor supõe que pode ser deixado de fora do relato, sem nenhum risco.

Um romance é um mundo com fronteiras. Pois, para haver completude, unidade, coerência, tem de haver fronteiras. Tudo é relevante na trajetória que percorremos dentro dessas fronteiras. Podemos descrever o final de uma história como um ponto de convergência mágica para os cambiantes pontos de vista preparatórios: uma posição fixa da qual o leitor vê como as coisas inicialmente disparatadas afinal se integram.

Mais ainda, o romance, por ser um ato de forma concretizada, é um processo de compreensão — ao passo que a forma partida ou insuficiente, na verdade, não sabe, deseja *não* saber, o que se integra a ela.

São esses dois modelos que competem agora pela nossa fidelidade ou atenção.

Existe uma distinção essencial — como eu a vejo — entre *histórias*, de um lado, que têm por objetivo um final, a completude, o fechamento, e de outro lado a *informação*, que é sempre, por definição, parcial, incompleta, fragmentária.

Isso espelha os modelos contrastantes de narrativa propostos pela *literatura* e pela *televisão*.

A literatura conta histórias. A televisão dá informações.

A literatura envolve. É a recriação da solidariedade humana. A televisão (com sua ilusão de imediatismo) afasta — nos empareda em nossa própria indiferença.

As chamadas histórias contadas pela televisão satisfazem nosso apetite por anedotas e nos oferecem modelos de compreensão que se anulam mutuamente. (Isso é reforçado pela prática de pontuar com publicidade as narrativas da tevê.) Implicitamente, eles afirmam a idéia de que toda informação é potencialmente relevante (ou "interessante"), que todas as histórias são intermináveis — ou que, se são interrompidas, não é porque chegaram a um fim, mas sim porque foram destronadas por uma história mais nova, mais apelativa ou excêntrica.

Ao nos brindarem com um número ilimitado de histórias ininterruptas, as narrativas que a mídia conta — e cujo consumo encurtou tão dramaticamente o tempo que o público instruído antes dedicava à leitura — oferecem uma lição de amoralidade e de distanciamento que é antitética em relação àquela corporificada pelo projeto do romance.

Na narração, tal como é praticada pelo romancista, há sempre — como argumentei — um componente ético. Esse componente ético não é a verdade, em oposição à falsidade da crônica. É o modelo de completude, de profundidade sentida, de esclarecimento, proporcionado pela história, e por sua resolução — que é o oposto do modelo de estupidez, de incompreensão, de horror passivo, e o conseqüente embotamento do sentimento, oferecido pela glutonaria de histórias sem fim disseminada pela nossa mídia.

A televisão nos oferece, numa forma extremamente degradada e falsa, uma verdade que o romancista é obrigado a suprimir, em proveito do modelo ético de compreensão peculiar ao projeto da ficção: a saber, que o traço característico do nosso universo é a simultaneidade. ("O tempo existe para que tudo não aconteça ao mesmo tempo... o espaço existe para que tudo não aconteça com você.")

Contar uma história é dizer: *essa* é a história importante. É reduzir a dispersão e a simultaneidade de tudo a algo linear, um caminho.

Ser um ser humano moral é prestar, ser obrigado a prestar, vários tipos de atenção.

Quando fazemos juízos morais, não estamos apenas dizendo que isso é melhor do que aquilo. De um modo até mais fundamental, estamos dizendo que *isso* é mais *importante* do que *aquilo*. É ordenar a avassaladora dispersão e simultaneidade de tudo, ao preço de ignorar ou dar as costas para a maior parte daquilo que acontece no mundo.

A natureza dos juízos morais depende da nossa capacidade de prestar atenção — uma capacidade que, inevitavelmente, tem seus limites, mas que podem ser estendidos.

Porém talvez o começo da sabedoria, e da humildade, seja baixar a cabeça e reconhecer a idéia, a devastadora idéia, da simultaneidade de tudo, e reconhecer a incapacidade do nosso entendimento moral — que é também o entendimento do romancista — de aceitar isso.

Talvez essa seja uma consciência que surja mais facilmente para poetas, os quais não crêem plenamente em contar histórias. O supremo poeta e prosador português do século XX Fernando Pessoa escreveu na sua suma em prosa, *O livro do desassossego*:

> Descobri que penso sempre, e atendo sempre, em duas coisas ao mesmo tempo. Todos, suponho, serão um pouco assim. [...] Sucede comigo que têm igual relevo as duas realidades a que atendo. Nisso consiste a minha originalidade. Nisso, talvez, consiste a minha tragédia, e o que a faz cômica.

Sim, todos *são* um pouco assim... mas a consciência da duplicidade do pensamento é uma posição desconfortável, muito desconfortável, se mantida por muito tempo. Parece normal que as pessoas reduzam a complexidade daquilo que sentem e pensam, e barrem a consciência do que se encontra fora do âmbito da sua experiência imediata.

Será que essa recusa de uma consciência ampliada, que incorpora mais do que está se passando *bem agora, bem aqui*, não está no coração da nossa sempre confusa consciência do mal humano, e da imensa capacidade dos seres humanos de praticarem o mal? Como existem, indiscutivelmente, zonas da experiência que não são penosas, que trazem alegria, o fato de que exista tanta infelicidade e tanta maldade se torna, eternamente, um *enig-*

ma. Boa parte da narrativa e da especulação que tenta libertar-se da narrativa e tornar-se puramente abstrata pergunta: Por que o mal existe? Por que as pessoas traem e matam umas às outras? Por que os inocentes sofrem?

Mas talvez o problema deva ser reformulado: Por que o mal não está em *toda parte*? Mais exatamente, por que ele está em certo lugar — mas *não* em outro? E o que devemos fazer quando ele não nos afeta? Quando a dor que se suporta é a dor dos *outros*?

Ao saber das notícias aterradoras do grande terremoto que arrasou Lisboa no dia 1º de novembro de 1755 e que (se acreditarmos nos historiadores) levou consigo o otimismo de toda uma sociedade (mas obviamente não acredito que uma sociedade tenha uma única atitude básica), o grande Voltaire ficou chocado diante da incapacidade de assimilar o que acontecia em outras terras. "Lisboa jaz em ruínas", escreveu Voltaire, "e aqui em Paris nós dançamos."

Podemos supor que, no século xx, na era do genocídio, as pessoas não julguem paradoxal nem surpreendente que alguém possa ser tão indiferente ao que está acontecendo simultaneamente longe da sua casa. Não é uma parte da estrutura fundamental da experiência que "agora" se refira tanto a "aqui" como "lá"? E, no entanto, atrevo-me a afirmar, somos tão capazes de nos surpreender — e de nos frustrar com a inadequação da nossa reação — com a simultaneidade de destinos humanos loucamente contrastantes como era Voltaire, dois séculos e meio atrás. Talvez seja nossa eterna sina ficarmos surpresos com a simultaneidade dos fatos — com a mera extensão do mundo no tempo e no espaço. Que estejamos *aqui*, agora, prósperos, seguros, com pouca probabilidade de dormir com fome ou de sermos despedaçados por uma explosão nesta noite... enquanto longe daqui, em outras partes do mundo, exatamente agora... em Grózni, em Najaf, no Sudão, no Congo, em Gaza, nas favelas do Rio...

Ser um viajante — e romancistas são muitas vezes viajantes — é lembrar-se constantemente da simultaneidade do que acontece no mundo, o nosso mundo e o mundo muito diverso que visitamos e do qual voltamos para "casa".

Um início de resposta a essa consciência dolorosa é dizer: é uma questão de solidariedade... dos limites da imaginação. Também podemos dizer que não é "natural" ficar lembrando que o mundo é tão... amplo. Que, enquanto isso está acontecendo, aquilo também está acontecendo.

É verdade.

Mas, eu responderia, é por isso que precisamos de ficção: para ampliar o nosso mundo.

Os romancistas, portanto, cumprem a sua tarefa moral necessária com base no seu direito de um calculado encolhimento do mundo, tal como ele é de fato — tanto no espaço como no tempo.

Os personagens de um romance agem no interior do tempo que já está completo, onde tudo o que vale a pena guardar foi preservado — como diz Henry James, no seu prefácio a *Os espólios de Poynton*, um tempo "isento de acréscimos impertinentes" e de sucessão a esmo. Todas as histórias reais são histórias do destino de alguém. Os personagens de um romance têm destinos intensamente legíveis.

O destino da literatura em si é outra coisa. A literatura, como história, é repleta de acréscimos impertinentes, de exigências irrelevantes, atividades sem propósito, atenção desperdiçada.

Habent sua fata fabulae, como diz a expressão latina. Contos, histórias, têm o seu próprio destino. Porque são difundidos, transcritos, mal lembrados, traduzidos.

Claro, não queremos que seja de outro modo. A escrita de

ficção, atividade necessariamente solitária, tem um destino necessariamente público, comunitário.

Tradicionalmente, todas as culturas são locais. Cultura implica barreiras (por exemplo, lingüísticas), distância, intraduzibilidade. Ao passo que "o moderno" significa, acima de tudo, a abolição de barreiras, de distância; acesso instantâneo; o nivelamento da cultura — e, por sua inexorável lógica, a abolição ou a revogação da cultura.

O que serve ao "moderno" é a padronização, a homogeneização. (De fato, "o moderno" é homogeneização, padronização. O lugar essencial do moderno é o aeroporto; e todos os aeroportos são iguais, assim como todas as novas cidades modernas, de Seul a São Paulo, tendem a ser iguais.) Esse impulso rumo à homogeneização não pode deixar de afetar o projeto da literatura. O romance, marcado pela singularidade, só pode entrar nesse sistema de difusão máxima graças à ação da tradução, que, conquanto necessária, acarreta uma distorção inerente daquilo que o romance é no seu nível mais profundo — que não é a comunicação de informação, nem mesmo o relato de histórias envolventes, mas sim a perpetuação do projeto da literatura em si, com o seu convite para desenvolver o tipo de introspecção que resiste às saciedades modernas.

Traduzir é transportar algo através de fronteiras. Porém, cada vez mais, a lição dessa sociedade, uma sociedade que é "moderna", é que não existem fronteiras — o que significa, é claro, nada mais nada menos do que: não existem fronteiras para os setores *privilegiados* da sociedade, que são mais móveis geograficamente do que nunca na história da humanidade. E a lição da hegemonia dos meios de comunicação de massa — televisão, MTV, internet — é que só existe uma cultura, aquela que se encontra para além das fronteiras, em toda parte, que é — ou será um dia — apenas mais do mesmo, com todos no planeta se nutrindo da mesma forma com os padronizados entretenimentos e fantasias de Eros e violência manufaturados nos Estados Unidos, no Japão, onde for; com todos sendo instruídos pelo mesmo fluxo, de final aberto, de bits de opinião e informação sem filtros (ainda que, de fato, muitas vezes censurados).

Não se pode negar que algum prazer e algum esclarecimento possam ser transmitidos por tais meios. Mas eu ponderaria que a mentalidade que eles fomentam e os apetites que alimentam são inteiramente inimigos da escrita (produção) e da leitura (consumo) de literatura séria.

A cultura transnacional, para a qual todos que pertencem à sociedade consumista capitalista — também conhecida como economia global — estão sendo recrutados, é uma cultura que, a rigor, torna a literatura irrelevante — um mero serviço público que nos oferece aquilo que já sabemos — e pode encaixar-se nas estruturas de final aberto para a aquisição de informação e para a observação voyeurística a distância.

Todo romancista espera alcançar o público mais amplo possível, transpor o máximo de fronteiras possível. Mas é tarefa do romancista, creio, e acredito que Nadine Gordimer concorda comigo — é tarefa do romancista ter em mente a geografia cultural espúria que está sendo instalada no começo do século XXI.

De um lado temos, por meio da tradução e da reciclagem na mídia, a possibilidade de uma difusão cada vez maior de nossa obra. O espaço, por assim dizer, está sendo conquistado. O aqui e o lá, assim nos dizem, estão em contato constante entre si e estão convergindo de forma pujante. De outro lado, a ideologia por trás dessas oportunidades sem precedentes de difusão, tradução — a ideologia hoje dominante no que é tido por cultura nas sociedades modernas — é projetada para tornar obsoleta a tarefa crítica, profética, e até subversiva, do romancista, que compreende aprofundar e, às vezes, conforme a necessidade, *opor-se* às interpretações comuns do nosso destino.

Longa vida à tarefa do romancista.

Referências

"Uma discussão sobre a beleza" foi publicado em *Dedalus* 131, nº 4 (outono de 2002).

"1926... Pasternak, Tsvetáieva, Rilke" foi escrito como prefácio de *Cartas, verão de 1926: Boris Pasternak, Marina Tsvetáieva, Rainer Maria Rilke* (New York Review Books Classics, 2001). Antes da publicação do livro, o ensaio foi publicado em *Los Angeles Times Book Review*, 12 de agosto de 2001, com o título de "O delírio sagrado da arte".

"Amando Dostoiévski" é a introdução a *Verão em Baden-Baden*, de Leonid Tsípkin (New Directions, 2001). Uma versão anterior foi publicada em *The New Yorker*, 1º de outubro de 2001.

"Um destino duplo: sobre *Artemisia*, de Anna Banti" é a introdução de *Artemisia*, de Anna Banti (Serpent's Tail, 2004). Antes da publicação do livro, o ensaio foi publicado em *The London Review of Books*, 9 de outubro de 2003.

"Questão em aberto: o caso de Victor Serge" é a introdução de *O caso do camarada Tulaiev*, de Victor Serge (New York Review Books Classics, 2004). Uma versão abreviada foi publicada em *The Times Literary Supplement*, em 10 de abril de 2004.

"Alienígena: a propósito de *Embaixo da geleira*, de Halldór Laxness" é a introdução de *Embaixo da geleira*, de Halldór Laxness (Vintage, 2004). Foi publicado também em *The New York Times Book Review*, 20 de fevereiro de 2005.

"11/9/2001" foi escrito para *The New Yorker*. Uma versão modificada foi publicada na seção "Talk of the Town" no dia 24 de setembro de 2001. A versão original nunca foi publicada em inglês.

"Algumas semanas depois" foi escrito em resposta a perguntas enviadas de Roma por Francesca Borrelli, jornalista da equipe do jornal italiano *Il Manifesto* e publicado nesse jornal no dia 6 de outubro de 2001. Inédito em inglês.

"Um ano depois" foi originalmente publicado como "Guerra? Batalhas reais e metáforas vazias" em *The New York Times*, na página de opinião, em 10 de setembro de 2002.

"Fotografia: uma pequena suma" foi escrito originalmente para *El Cultural* (10-16 de julho de 2003) e foi também publicado em *The Los Angeles Times Book Review*, como "Sobre fotografia (curso rápido)", no dia 27 de julho de 2003.

"Sobre a tortura dos outros" foi originalmente publicado numa forma um pouco diferente como "As fotos *somos* nós", em *The New York Times Magazine*, 23 de maio de 2004.

"A consciência das palavras", discurso proferido em Jerusalém no dia 9 de maio de 2000, por ocasião do recebimento do prêmio Jerusalém, foi publicado em *The Los Angeles Times Book Review*, em 10 de junho de 2001.

"O mundo enquanto Índia", a Conferência São Jerônimo de 2002 sobre tradução literária, foi publicada em *The Times Literary Supplement*, em 13 de junho de 2003.

"Sobre coragem e resistência", discurso de abertura proferido na apresentação do prêmio Oscar Romero da Capela Rothko, conferido a Ishai Menuchin, presidente do Yesh Gvul (Há um Limite), movimento de soldados israelenses para a recusa seletiva, em 2003, foi publicado em *The Nation*, em 5 de maio de 2003.

"Literatura é liberdade" é um discurso proferido na Paulskirche, Frankfurt, em 12 de outubro de 2003, por ocasião do recebimento do Friedenspreis (prêmio de Paz) da Câmara do Livro Alemão. Trechos saíram em *The Los Angeles Times Book Review*, em 26 de outubro de 2003, e a íntegra foi publicada por Winterhouse Editions, em 2004.

"Ao mesmo tempo: o romancista e a discussão moral", primeira Conferência Nadine Gordimer, proferida na Cidade do Cabo e em Johannesburgo em março de 2004, é inédito.

ESTA OBRA FOI COMPOSTA PELO GRUPO DE CRIAÇÃO EM MINION E IMPRESSA
PELA GRÁFICA BARTIRA EM OFSETE SOBRE PAPEL PÓLEN SOFT DA SUZANO
PAPEL E CELULOSE PARA A EDITORA SCHWARCZ EM JULHO DE 2008